GESTÃO PARTICIPATIVA DOS RISCOS
& CIDADES SUSTENTÁVEIS

BENEDITO ANTONIO DA COSTA

CRISTHIAN MAGNUS DE MARCO
Prefácio

GESTÃO PARTICIPATIVA DOS RISCOS & CIDADES SUSTENTÁVEIS

Belo Horizonte

FÓRUM
CONHECIMENTO JURÍDICO

2025

© 2025 Editora Fórum Ltda.

É proibida a reprodução total ou parcial desta obra, por qualquer meio eletrônico, inclusive por processos xerográficos, sem autorização expressa do Editor.

Conselho Editorial

Adilson Abreu Dallari
Alécia Paolucci Nogueira Bicalho
Alexandre Coutinho Pagliarini
André Ramos Tavares
Carlos Ayres Britto
Carlos Mário da Silva Velloso
Cármen Lúcia Antunes Rocha
Cesar Augusto Guimarães Pereira
Clovis Beznos
Cristiana Fortini
Dinorá Adelaide Musetti Grotti
Diogo de Figueiredo Moreira Neto (in memoriam)
Egon Bockmann Moreira
Emerson Gabardo
Fabrício Motta
Fernando Rossi
Flávio Henrique Unes Pereira
Floriano de Azevedo Marques Neto
Gustavo Justino de Oliveira
Inês Virgínia Prado Soares
Jorge Ulisses Jacoby Fernandes
Juarez Freitas
Luciano Ferraz
Lúcio Delfino
Marcia Carla Pereira Ribeiro
Márcio Cammarosano
Marcos Ehrhardt Jr.
Maria Sylvia Zanella Di Pietro
Ney José de Freitas
Oswaldo Othon de Pontes Saraiva Filho
Paulo Modesto
Romeu Felipe Bacellar Filho
Sérgio Guerra
Walber de Moura Agra

FÓRUM
CONHECIMENTO JURÍDICO

Luís Cláudio Rodrigues Ferreira
Presidente e Editor

Coordenação editorial: Leonardo Eustáquio Siqueira Araújo
Revisão: Vinícius Fernandes
Capa: Imagem de capa criada por inteligência artificial: DALL·E
Projeto gráfico: Walter Santos
Diagramação: Derval Braga

Rua Paulo Ribeiro Bastos, 211 – Jardim Atlântico – CEP 31710-430
Belo Horizonte – Minas Gerais – Tel.: (31) 99412.0131
www.editoraforum.com.br – editoraforum@editoraforum.com.br

Técnica. Empenho. Zelo. Esses foram alguns dos cuidados aplicados na edição desta obra. No entanto, podem ocorrer erros de impressão, digitação ou mesmo restar alguma dúvida conceitual. Caso se constate algo assim, solicitamos a gentileza de nos comunicar através do *e-mail* editorial@editoraforum.com.br para que possamos esclarecer, no que couber. A sua contribuição é muito importante para mantermos a excelência editorial. A Editora Fórum agradece a sua contribuição.

Dados Internacionais de Catalogação na Publicação (CIP) de acordo com ISBD

C837g   Costa, Benedito Antônio da

       Gestão participativa dos riscos & cidades sustentáveis / Benedito Antonio da Costa. Belo Horizonte: Fórum, 2025.

       149p. 14,5x21,5cm
       il.
       ISBN impresso 978-65-5518-849-3
       ISBN digital 978-65-5518-846-2

       1. Gestão de riscos. 2. Urbanismo sustentável. 3. Cidades resilientes. 4. Democracia participativa. 5. Governança democrática. 6. Desenvolvimento sustentável. 7. ODS-11. I. Título.

                                                                        CDD 363.7
                                                                        CDU 349.7

Ficha catalográfica elaborada por Lissandra Ruas Lima – CRB/6 – 2851

Informação bibliográfica deste livro, conforme a NBR 6023:2018 da Associação Brasileira de Normas Técnicas (ABNT):

COSTA, Benedito Antonio da. *Gestão participativa dos riscos & cidades sustentáveis*. Belo Horizonte: Fórum, 2025. 149p. ISBN 978-65-5518-849-3.

Aos meus pais, Antonio e Eva, e à minha irmã, Josélia: luzes do meu caminho;

À minha esposa, Regiane, vencedora no jardim do destino;

Aos meus avôs, Milton e José, estrelas adormecidas do meu céu;

Às minhas avós, Maria e Anita, raízes centenárias da bondade;

Ao grandão José Antonio;

À pequena Maria Anita...

Agradeço especialmente aos professores Cristhian Magnus De Marco e Robison Tramontina: vossa seriedade, generosidade e grandeza inspiram. Em seus nomes agradeço a todos os docentes do PPGD-UNOESC. Agradeço também aos colegas de mestrado e doutorado pelo apoio mútuo na difícil jornada acadêmica. Agradeço aos colegas do Tribunal Regional Eleitoral de Mato Grosso, sempre compreensivos, cuja competência valorizo como lições constantes.

LISTA DE ABREVIATURAS E SIGLAS

ABNT	Associação Brasileira de Normas Técnicas
AGENDA 2030	Agenda de implementação dos Objetivos de Desenvolvimento Sustentável, contendo metas e indicadores para serem utilizados por todos os países aderentes à Resolução 70/1
COSO	Committee of Sponsoring Organizations of the Treadway Commission (Comitê das Organizações Patrocinadoras da Comissão Treadway). Reúne representantes das principais associações de classes de profissionais ligados à área financeira
IBGE	Instituto Brasileiro de Geografia e Estatística
IFAC	International Federation of Accountants (Federação Internacional de Contadores)
INTOSAI	International Organization of Supreme Audit Institutions (Organização Internacional de Entidades Fiscalizadoras Superiores).
IPEA	Instituto de Pesquisa Econômica Aplicada
OCDE	Organização para a Cooperação e Desenvolvimento Econômico
ODS	Objetivos de Desenvolvimento Sustentável (Resolução da Assembleia Geral da ONU 70/1 – ONU, 2015)
ONU	Organização das Nações Unidas
S2id	Sistema Integrado de Informações sobre Desastres
TCU	Tribunal de Contas da União

LISTA DE ILUSTRAÇÕES

Esquema 1 – Processo de gestão de riscos 127

Figura 1 – Interconexão entre objetivos do Quadro Sendai e dos ODS 83
Figura 2 – Sistema de Governança em organizações públicas ou outros entes jurisdicionados ao TCU 104

Gráfico 1 – Percentual de municípios por instrumento de planejamento Brasil – 2013/2017 109

Tabela 1 – Definições operacionais de risco dos principais padrões 44
Tabela 2 – Decomposição dos objetivos do ODS 11 64
Tabela 3 – Decomposição das metas do ODS 11 66
Tabela 4 – Quantidade de metas por macro-objetivo preponderante 73
Tabela 5 – Metas relacionadas com o objetivo de sustentabilidade por objeto de gestão 90
Tabela 6 – Matriz de classificação de riscos 129

CONCEITOS OPERACIONAIS

Risco: em conceito operacional (ISO 31000), efeito da incerteza nos objetivos. Geralmente o risco é pensado como a probabilidade de que ocorram eventos que podem impactar na consecução de objetivos. A abordagem pode ser feita sob qualquer contexto, dimensão, situação, processo, política, norma ou atividade, desde um contexto civilizatório geral até atividades organizacionalmente operacionais.

Gestão de riscos: processo de natureza permanente, estabelecido, direcionado e monitorado pela alta administração, que contempla as atividades de identificar, avaliar e gerenciar potenciais eventos que possam afetar a organização, destinado a fornecer segurança razoável quanto à realização de seus objetivos (Decreto Federal nº 9.203/2017, art. 2º, IV).

Accountability: anglicismo que se mantém em língua portuguesa (Campos, 1990) por incluir significados para além da prestação de contas, referindo-se também à relação em que uma das partes recebe de outra recursos e liderança para entregar resultados, demonstrando-os e justificando-os, inclusive demonstrando a gestão dos riscos referentes aos objetivos.

Governança: conjunto de mecanismos de liderança, estratégia e controle postos em prática para avaliar, direcionar e monitorar a gestão, com vistas à condução de políticas públicas e à prestação de serviços de interesse da sociedade (Decreto Federal nº 9.203/2017, art. 2º, I).

Sustentabilidade: uso dos recursos de forma a proporcionar qualidade de vida (em sentido ambiental, econômico e social) para a geração presente sem comprometer as necessidades das gerações futuras (Lei nº 13.186/2015, art. 1º) de forma a manter um mínimo padrão de qualidade de vida para todas as formas de vida na Terra, com respeito pela natureza, direitos humanos universais, justiça econômica e uma cultura de paz (A carta da Terra, 2000).

Controle: processos estruturados para mitigar os possíveis riscos com vistas ao alcance dos objetivos institucionais e para garantir a execução ordenada, ética, econômica, eficiente e eficaz das atividades da organização (Decreto Federal nº 9.203/2017, art. 5º, III).

SUMÁRIO

PREFÁCIO
Cristhian Magnus De Marco 19

INTRODUÇÃO 21

CAPÍTULO 1
O RISCO SITUADO: DIMENSÕES E CONCEPÇÕES DO RISCO 25

1.1 Abordagens sociológicas do risco 28
1.2 Sociedade de risco (Beck) 31
1.3 O risco na abordagem sistêmica de Luhmann 35
1.4 Risco como categoria operativa de governança organizacional 41
1.4.1 Governança a partir da perspectiva da teoria da agência.
Governança democrática 47
1.4.2 Governança qualificada pela sustentabilidade 51

CAPÍTULO 2
O DESENVOLVIMENTO SUSTENTÁVEL COMO RESPOSTA GLOBAL↔LOCAL AOS RISCOS CIVILIZATÓRIOS 55

2.1 Agendas globais de mitigação de riscos civilizatórios 56
2.2 A gestão de riscos como técnica instrumental do desenvolvimento sustentável 59
2.3 Competência municipal e abordagem de riscos relacionados à inclusão, segurança, resiliência e sustentabilidade nas cidades (ODS 11) 61
2.3.1 Competência comum: zelar pela guarda da Constituição, das leis e das instituições democráticas e conservar o patrimônio público (I) 74
2.3.2 Competência comum: cuidar da saúde e assistência pública, da proteção e garantia das pessoas portadoras de deficiência (II) 75

2.3.3 Competências comuns: proteger os documentos, as obras e outros bens de valor histórico, artístico e cultural, os monumentos, as paisagens naturais notáveis e os sítios arqueológicos (III); e impedir a evasão, a destruição e a descaracterização de obras de arte e de outros bens de valor histórico, artístico ou cultural (IV)...75

2.3.4 Competência comum: proporcionar os meios de acesso à cultura, à educação, à ciência, à tecnologia, à pesquisa e à inovação (V).........75

2.3.5 Competências comuns: proteger o meio ambiente e combater a poluição em qualquer de suas formas (VI) e preservar as florestas, a fauna e a flora (VII) 76

2.3.6 Competência comum: a produção agropecuária e organizar o abastecimento alimentar (VIII)...76

2.3.7 Competência comum: promover programas de construção de moradias e a melhoria das condições habitacionais e de saneamento básico (IX)..76

2.3.8 Competência comum: combater as causas da pobreza e os fatores de marginalização, promovendo a integração social dos setores desfavorecidos (X)..77

2.3.9 Competência comum: registrar, acompanhar e fiscalizar as concessões de direitos de pesquisa e exploração de recursos hídricos e minerais em seus territórios (XI) 77

2.3.10 Competência comum: estabelecer e implantar política de educação para a segurança do trânsito (XII)...77

2.3.11 Cooperação e integração entre os entes..78

2.4 Inclusão, segurança, resiliência e sustentabilidade: objetivos locais sob proteção da gestão de riscos..79

2.4.1 Inclusão..79

2.4.2 Segurança 80

2.4.3 Resiliência...81

2.4.4 Sustentabilidade..88

2.5 Prevenção e precaução: atitudes de prudência ativa perante eventos de risco 91

CAPÍTULO 3
A GESTÃO PARTICIPATIVA DOS RISCOS NAS CIDADES............95

3.1 A governança democrática local e a gestão de riscos locais 96

3.2 Possíveis efeitos do sistema proporcional na gestão de riscos dos municípios 97

3.3 Os conselhos municipais na gestão participativa de riscos locais 102

CAPÍTULO 4
HABILITAÇÃO E PRÁXIS DA GESTÃO PARTICIPATIVA DE RISCOS NAS CIDADES 117
4.1	Gestão de riscos como forma de comunicação 117
4.2	Gestão de riscos e proporcionalidade 119
4.3	Políticas de gestão de riscos 125
4.4	O processo de avaliação de riscos 126
4.5	Expressão qualitativa, quantitativa e subjetiva dos riscos e matriz de riscos 128
4.6	O papel do sistema de controle interno municipal na correta gestão de riscos locais 131
4.7	Gestão de riscos e responsabilidade administrativa: *accountability* e compreensão 133
4.8	Gestão de riscos, justiça e custos 136

CONCLUSÕES 139

REFERÊNCIAS 145

PREFÁCIO

É com grande honra e satisfação que escrevo este prefácio para a obra *Gestão Participativa dos Riscos e Cidades Sustentáveis*, de Benedito Antonio da Costa. Este trabalho reflete a excelência acadêmica, especialmente no que tange ao estudo dos direitos fundamentais sociais e seus reflexos na gestão urbana sob a ótica de uma democracia participativa na identificação e gestão dos riscos que podem impedir que as cidades caminhem rumo ao atingimento de objetivos realmente sustentáveis.

O livro é fruto de intensa pesquisa para o Mestrado em Direito da Universidade do Oeste de Santa Catarina. A dissertação de Costa vai além de uma simples produção acadêmica, representando uma jornada de aprendizado contínuo, enriquecida por leituras aprofundadas, debates estimulantes e uma participação ativa em todas as atividades propostas pelo programa. Sua habilidade em articular conceitos teóricos com práticas de gestão urbana sustentável é notável, revelando-se um pesquisador nato.

A pesquisa foi realizada, em parte, durante a pandemia, mas, com resiliência e adaptação, as adversidades foram superadas com a utilização das tecnologias que passaram a fazer parte do mundo de todo pesquisador.

A escolha do tema é de extrema relevância, especialmente no contexto atual, em que as cidades enfrentam desafios sem precedentes relacionados a eventos de risco que sentimos, literalmente, na pele, como as mudanças climáticas, que evocam fortemente a necessidade de uma gestão sustentável.

Vivemos, neste século, pela primeira vez, uma população global predominantemente urbana. No Brasil, esse fenômeno já data dos anos 1970. Porém, ao mesmo tempo que o adensamento populacional parece gerar uma concentração de riscos, existe a possibilidade de uma gestão mais inteligente e sustentável das cidades. Nesse caso, o poder local pode tornar-se um grande aliado para efetivar os princípios da precaução e da prevenção, concentrando esforços e evitando a expansão das áreas construídas sobre o meio ambiente ainda preservado.

A partir do conceito de "Sociedade de Risco", inaugurado por Ulrich Beck, o livro passa a dissecar o conceito de risco para identificá-lo como peça-chave na resposta (que Costa chamou de "local-global") aos riscos civilizatórios. Atingiu seu objetivo utilizando-se inclusive de abordagens profundas e sofisticadas, como a Teoria dos Sistemas, de Niklas Luhmann, que auxilia no entendimento da importância da categoria "risco" na abordagem dos desafios enfrentados pelas cidades, tudo sem se descuidar de tangenciar os elementos jurídicos, como proporcionalidade e conceitos de justiça.

Aprofunda-se, de forma esclarecedora, nas agendas globais de mitigação de riscos civilizatórios, como a própria *Agenda 2030*, e revela a complexidade da abordagem do Objetivo 11, que é justamente "Tornar as cidades e os assentamentos humanos inclusivos, seguros, resilientes e sustentáveis". São analisados os desdobramentos das metas e os desafios de sua implementação pelas cidades. A abordagem feita é um bom ponto de partida para estudiosos do risco, da governança e das políticas urbanas, de legisladores e dos gestores para que entendam melhor como se podem enfrentar os desafios atuais de forma democrática a partir da correta abordagem dos riscos.

A diminuição dos riscos compreende o cumprimento de tarefas constitucionais de maneira tempestiva e suficiente. Por meio do exercício das competências legais, é possível combater a poluição, preservar florestas, a fauna e a flora, promover programas de moradias adequadas, saneamento básico; combater a pobreza e tantas outras ações em favor do interesse coletivo.

A gestão participativa na seleção dos riscos a serem abordados e na tomada de decisão é o ponto central da presente pesquisa. A governança na gestão dos riscos é um elemento fundamental para que o cidadão efetivamente exerça o seu papel ativamente e, assim, não fique apenas com as consequências dos perigos.

O autor entrega, neste livro, uma pesquisa científica muito importante para a comunidade, contendo informações e argumentos capazes de proporcionar a construção de cidades mais transparentes, justas e seguras. Desejo a todos uma ótima leitura!

Cristhian Magnus De Marco

Advogado. Tem pós-doutorado em Direito pela Universidade Federal de Santa Catarina. Doutor em Direito pela Pontifícia Universidade Católica do Rio Grande do Sul, Porto Alegre. Mestre em Direito pela Universidade Federal de Santa Catarina (UFSC). Professor e pesquisador do Programa de Pesquisa, Extensão e Pós-graduação em Direito da Universidade do Oeste de Santa Catarina (UNOESC).

INTRODUÇÃO

O título do livro foi encurtado para *Gestão Participativa dos Riscos e Cidades Sustentáveis*, de um título mais longo *O Papel da Gestão Participativa dos Riscos na Governança de Cidades mais Inclusivas, Seguras, Resilientes e Sustentáveis — ODS 11*, que encimava nossa pesquisa de Mestrado em Direito no Programa de Pós Graduação em Direito, da Universidade do Oeste de Santa Catarina (UNOESC), cujo almejo foi averiguar a importância e o papel da gestão de riscos, principalmente em sua forma participativa, na concretização de direitos fundamentais no âmbito das cidades, tendo em vista os Objetivos de Desenvolvimento Sustentáveis da Agenda 2030 da ONU (notadamente o ODS 11 – "tornar as cidades e os assentamentos humanos inclusivos, seguros, resilientes e sustentáveis"). Mais especificamente, o problema da pesquisa consistiu em responder à pergunta sobre qual seria o *papel estratégico da gestão participativa dos riscos na governança e gestão das cidades para torná-las mais inclusivas, seguras, resilientes e sustentáveis (ODS 11)*.

Justifica-se a formulação do problema dessa maneira porque não se encontra facilmente na literatura pátria trabalho demonstrando a importância estratégica em sentido filosófico, sociológico e funcional da abordagem de riscos inserida num contexto complexo com interações simultaneamente globais e locais para a realização de objetivos tais como os formulados pelo ODS 11. Intuiu-se inicialmente que todo o esforço mundial, nacional e local de estabelecimento de objetivos de desenvolvimento sustentável cairá por terra se não houver mecanismos de governança participativa no âmbito das cidades para a gestão contínua, legítima e inteligente dos recursos escassamente disponíveis para a perseguição dos direitos fundamentais.

A hipótese inicial, assim, fiou-se na suposição de que a abordagem participativa de riscos pode assumir um papel de indispensável centralidade estratégica na governança democrática local ao perseguir objetivos de efetivação de direitos fundamentais como aqueles descritos pelo ODS 11.

O tema é importante por razões muito presentes no cotidiano global e local. Quase que diariamente assistimos ao desenrolar de acontecimentos que ilustram a importância da abordagem de riscos na sociedade: as ondas de infestação pelo vírus SARS-CoV-2 que causa a *(co)rona (vi)rus (d)isease* desde 2019 (covid-19), os desastres climáticos que afetam sobretudo populações vulneráveis insertas em áreas de risco acentuado em estados brasileiros como a Bahia, o Rio de Janeiro e o Espírito Santo e, recentemente, as mudanças climáticas que elevaram as temperaturas até o insuportável em inúmeras cidades por todo o globo.

Nesse sentido, o objetivo geral é localizar, diante da necessidade de efetivação de objetivos de desenvolvimento sustentável nas cidades, o papel e a importância da gestão de riscos em seus aspectos sociológicos, filosóficos e jurídicos, numa perspectiva de governança que vai do âmbito global à realidade local.

Inicia-se a exposição (capítulo 1) situando-se o risco na ordem sociológica a partir da sociedade de risco (Beck), inserindo-se elementos da abordagem sistemática de Luhmann, como forma de delimitação epistemológica do problema. Recorta-se ainda mais a abordagem para o aspecto do risco como elemento da governança para a sustentabilidade.

No capítulo seguinte, procura-se destacar a gestão dos riscos como resposta local e, ao mesmo tempo global, aos desafios civilizatórios modernos, focalizando a análise nos objetivos de desenvolvimento sustentável e nas paralelas competências municipais, tangenciando-se, também, as atitudes de prevenção e precaução perante os riscos identificados.

Segue-se no capítulo 3 com a análise da instrumentalização democrática da gestão de riscos numa perspectiva participativa, trazendo-se elementos de diferentes dimensões, como a política (eleitoral), a formação de conselhos e outras possibilidades práticas de gestão democrática dos riscos.

Por fim, enquadrando-se a gestão de riscos como forma de comunicação geradora de racionalidade, proporcionalidade e *accountability*, passa-se a expor formas práticas de gestão participativa de riscos, o processo de gestão de riscos e seus principais referenciais, bem como ponderações sobre justiça e custo da gestão de riscos.

As incursões mencionadas tiveram por **referencial teórico** a teoria da "Sociedade de Risco", de Ulrich Beck, com a racionalização reflexiva e sua essencialidade para a absorção dos impactos dos riscos criados e distribuídos desigualmente em escalas ao mesmo tempo globais, mas com materializações locais bem nítidas; chega-se à necessidade de uma simplificação metodológica proposta por Luhmann a partir de sua teoria sistêmica, que traz à atenção o aspecto do papel de comunicação da abordagem de riscos para os vários sistemas, marcados pela complexidade e contingência. Passa-se pela noção multidimensional e eficacial do desenvolvimento sustentável com auxílio pontual de Juarez Freitas, em complemento a uma juridicidade principiológica ambiental ressaltada por Bosselmann. Estriba-se, por fim, na Teoria dos Direitos Fundamentais formulada por Robert Alexy, em que se utiliza a fórmula dos princípios e da ponderação para fundamentar a necessidade de proporcionalidade na abordagem dos riscos, com contribuições da Teoria Econômica do Direito em análises de racionalidade em aplicação de recursos.

Como metodologia procurou-se mesclar a dimensão analítica e, na medida do possível, empírica. Apresentam-se os principais conceitos e visões quanto ao tema na profundidade necessária para abranger o estado da arte sobre o assunto, passando-se a considerar elementos da realidade prática e normativa.

A pesquisa expõe elementos de democracia participativa ao trazer a noção de gestão participativa dos riscos no espaço celular mais tangível de uma sociedade cada vez mais urbana: as cidades. Aborda-se a categoria "risco" dentro de um contexto de efetividade de direitos fundamentais, consubstanciados em políticas públicas necessárias à implementação de objetivos consensuais traduzidos mundialmente pelas gentes como "Objetivos de Desenvolvimento Sustentável", delimitando-se o ponto de análise àqueles objetivos relacionados com nossas cidades.

Dessa forma, busca-se uma visão contextualizada para a obtenção de uma resposta clara a um problema sobre qual é o papel da gestão participativa de riscos na efetividade das políticas públicas que visem tornar as cidades inclusivas, seguras, resilientes e sustentáveis. Sendo o tema de abrangência geral e metodológica, deixa-se de apresentar jurisprudência da Suprema Corte brasileira sobre ele, salientando-se que, quando o STF aborda o tema "riscos", o faz na abertura semântica dos princípios da prevenção e precaução.

Pela importância sistemática e integração dos temas tratados, o que é pesquisado aqui vai além do ODS 11 relativo às cidades, não só porque os objetivos são interconectados entre si, mas também porque as ferramentas de governança abordadas se aplicam a todo e qualquer objetivo relevante a uma comunidade.

Não se pode descurar, no entanto, que a abordagem de riscos há de manter-se simples, para que não seja abandonada mesmo antes de ser iniciada. O excesso de conceitos laterais, ainda que importantes como reflexos de uma abordagem séria de riscos, precisa ser evitado. As contribuições práticas, exemplificativas, foram postas com simplicidade para que as propostas aqui apresentadas inspirem estudos adicionais.

CAPÍTULO 1

O RISCO SITUADO: DIMENSÕES E CONCEPÇÕES DO RISCO

A grande intuitividade que a palavra risco carrega torna necessário que, primeiramente, se faça uma alocação do risco de maneira epistemologicamente planejada. Neste primeiro capítulo, começa-se a abordagem a partir de algumas noções que o Direito empresta ao risco, e logo passa-se às diversas abordagens sociológicas do risco, em um esforço de delimitação e esclarecimento metodológico. Após escolha justificada, explana-se o risco a partir da teoria do risco de Beck, trazendo ao texto elementos de ubiquidade e reflexão do risco. Acrescenta-se a contribuição da abordagem sistêmica conforme feita por Luhmann, que lança luz sobre a categoria risco em um ambiente de diferenciação dos sistemas e da comunicação entre estes e seus entornos, como preparação para uma abordagem de funcionalização técnica do risco, feita em seguida quando se coteja o risco como categoria operativa de governança organizacional.

Nessa perspectiva, apesar de ser conceito intuitivo, a localização do "risco" na corrente dos empreendimentos e conhecimento humano não é tarefa trivial. Este primeiro capítulo explorará o risco a partir de suas noções jurídicas "comuns", passando a abordar o risco nas facetas sociológicas, principalmente sob as perspectivas civilizatória, sistêmica e corporativa (governança), direcionando para considerações de sustentabilidade como objeto e objetivo do risco.

Na linguagem corrente do dia a dia, quando geralmente há referência a "risco", a ideia transmitida está relacionada a algo perigoso que, devido às circunstâncias imediatas, pode ocorrer e causar algum efeito indesejado por prejudicar as atividades normais, a saúde ou outro objetivo que se tem como importante.

Para os administradores em geral, a palavra risco possui quase o mesmo sentido genérico, mas desta vez relacionado com gestão de empresas e objetivos corporativos, com aspectos ligados à estratégia da corporação, em um contexto que envolve governança, gestão de riscos e *compliance*, além de conceitos relacionados, como ética, controle interno e externo e outras ferramentas (Mitchell, 2007). As abordagens de risco dessa concepção são centradas e contextualizadas a partir dos objetivos fixados pelo "corpo governante" das organizações.

No campo do Direito, por sua vez, a palavra e conceito "risco" assume sentidos ligados a diversos ramos. No Direito Penal, por exemplo, o risco relaciona-se com a ocorrência de um resultado juridicamente relevante no contexto do crime. Menciona-se a referência do Decreto-Lei n. 2.848/1940 (Código Penal) à relevância da omissão (alínea c, §2º, do art. 13: "com seu comportamento anterior, criou o risco da ocorrência do resultado") e à assunção, pelo agente, do risco de produzir o resultado (art. 17: "Diz-se o crime: I – doloso, quando o agente quis o resultado ou assumiu o risco de produzi-lo"). Incrementar o risco de um resultado não querido pela vítima ou pelo ordenamento jurídico é elemento central na culpabilidade. Cite-se, por exemplo, o cerne da "Teoria da Imputação Objetiva":

> Para a teoria da imputação objetiva, o resultado de uma conduta humana somente pode ser objetivamente imputado a seu autor quando tenha criado a um bem jurídico uma situação de risco juridicamente proibido (não permitido) e tal risco se tenha concretizado em um resultado típico. Em outros termos, somente é admissível a imputação objetiva do fato se o resultado tiver sido causado pelo risco não permitido criado pelo autor. Em síntese, determinado resultado somente pode ser imputado a alguém como obra sua e não como mero produto do azar. A teoria objetiva estrutura-se, basicamente, sobre um conceito fundamental: o risco permitido. Permitido o risco, isto é, sendo socialmente tolerado, não cabe a imputação; se, porém, o risco for proibido, caberá, em princípio, a imputação objetiva do resultado. (Bitencourt, 2016, p. 329, grifo nosso).

Vertentes do Direito Penal consideram, portanto, que a sociedade permite certos graus de risco aos cidadãos que, se sofrerem um incremento proibido desse risco por parte de terceiros, se torna vítima de uma conduta típica e antijurídica, atraindo resposta penal por parte do Estado. O apetite a risco das pessoas, portanto, na *ultima ratio* penal, não pode passar de certos limites de normalidade.

No ramo do Direito Civil, o risco tem função importante nos campos da responsabilidade civil e dos contratos. Há a elaboração legal de matrizes de risco pelo Código Civil, por exemplo, quando este define que correm por conta do comprador os riscos se este estiver em mora de receber a coisa (art. 492 do Código Civil).[1] A exemplo do que ocorre no Direito Penal, o incremento do risco inverte a responsabilidade pelos riscos de ocorrência de eventos futuros e incertos que possam afetar o objeto da avença. Há inversão da responsabilidade sobre os riscos em casos, por exemplo, de envio da coisa a lugar diverso (art. 494 do Código Civil).[2] Várias espécies de contrato possuem essa definição de quem suporta os riscos caso haja a materialização de eventos cuja ocorrência tenha sua probabilidade aumentada pela ação de uma das partes (p. ex., comodato), ou mesmo a simples definição de uma matriz de risco da relação jurídica (mútuo, art. 587 do Código Civil;[3] empreitada, art. 611 e 612 do Código Civil).[4]

Seguros são espécies de contrato cujo objeto é precisamente o suporte da carga de riscos eventualmente materializados, e o art. 757, *caput*, do Código Civil vigente estabelece que o contrato de seguro obriga o segurador "mediante o pagamento do prêmio, a garantir interesse legítimo do segurado, relativo a pessoa ou a coisa, contra riscos predeterminados". Os eventos de risco, portanto, devem estar descritos como categoria, e o segurado recebe remuneração para garantir que, se advier o evento, os efeitos serão compartilhados entre o segurado e o segurador, numa forma de compartilhamento do tratamento dos efeitos do risco.

---

[1] Art. 492. Até o momento da tradição, os riscos da coisa correm por conta do vendedor, e os do preço por conta do comprador.
§1. Todavia, os casos fortuitos, ocorrentes no ato de contar, marcar ou assinalar coisas, que comumente se recebem, contando, pesando, medindo ou assinalando, e que já tiverem sido postas à disposição do comprador, correrão por conta deste.
§2. Correrão também por conta do comprador os riscos das referidas coisas, se estiver em mora de as receber, quando postas à sua disposição no tempo, lugar e pelo modo ajustados.

[2] Art. 494. Se a coisa for expedida para lugar diverso, por ordem do comprador, por sua conta correrão os riscos, uma vez entregue a quem haja de transportá-la, salvo se das instruções dele se afastar o vendedor.

[3] Art. 587. Este empréstimo transfere o domínio da coisa emprestada ao mutuário, por cuja conta correm todos os riscos dela desde a tradição.

[4] Art. 611. Quando o empreiteiro fornece os materiais, correm por sua conta os riscos até o momento da entrega da obra, a contento de quem a encomendou, se este não estiver em mora de receber. Mas se estiver, por sua conta correrão os riscos.
Art 612. Se o empreiteiro só forneceu mão-de-obra, todos os riscos em que não tiver culpa correrão por conta do dono.

Essas pequenas incursões no Direito Civil e Direito Penal servem para demonstrar a importância da categoria "risco" no Direito e sua função central em definições de responsabilização civil e penal e em posições jurídicas contratuais.

Não será exagero a observação de que, de uma maneira difusa, a categoria "risco", conforme empregada e instrumentalizada pelo Direito Penal e Direito Civil, cumpre importante papel de gestão de riscos gerais na sociedade, dissuadindo comportamentos demasiadamente arriscados por parte dos indivíduos por meio da criminalização de condutas fora do escopo do risco permitido e também pacificando preventivamente a sociedade, por intermédio da construção de matrizes de responsabilização nas relações contratuais.

Não será, contudo, objeto de análise aqui a discussão sobre até que ponto os ramos do Direito estão aptos a lidar com a categoria risco, e em qual medida, para fazer frente aos riscos da modernidade sem atingir princípios importantes da sociedade moderna, como o liberalismo e a livre iniciativa. Pontos para um outro trabalho monográfico.

A questão é que o interesse jurídico e social no risco não para por aí. Conforme veremos mais adiante, a intrínseca ligação entre riscos e objetivos fazem com que os objetivos mais fundamentais para a humanidade, como a própria existência, possam ter na categoria semântica "riscos" seu ponto de entendimento e de análise, o que pode fornecer instrumentos para abordagem, consenso e ação contra riscos de elevada magnitude e importância para a realização de direitos fundamentais. Pode-se diminuir a abstração da abordagem do risco até se chegar a uma forma em que o risco pode ser apropriado e utilizado de maneira local, no nível das cidades, para que haja a persecução de objetivos cujas repercussões são a um só tempo globais e locais.

1.1 Abordagens sociológicas do risco

Haveria pouco sentido uma pesquisa que envolva o tema "riscos" se não houvesse alguma pretensão de controle, em maior ou menor grau, sobre aspectos da realidade futura. Assumiremos, neste trabalho, como verdadeiras as premissas de Bernstein (1998, p. 22), de que risco é uma opção de ousadia, em vez de um destino.[5] Fugindo das discussões

---

[5] *"The word 'risk' derives from the early Italian* risicare, *which means 'to dare.' In this sense, risk is a choice rather than a fate. The actions we dare to take, which depend on how free we are to make choices, are what the story of risk is all about. And that story helps define what it means to be a human being."* ("A palavra 'risco' do Italiano antigo *risicare*, que significa 'ousar'.

sobre as origens etimológicas da palavra "risco", pode-se dizer que o sentido apontado por Bernstein, de que risco está relacionado com nossas opções, nos parece, ao fim e ao cabo, correto. Uma vez que essa ousadia representa um ganho mediante a possibilidade de um dano, é preciso esclarecer quem se beneficia da ousadia, se há controle das ousadias mútuas e quem sofre as consequências das ousadias. Necessário, portanto, atentarmos para explicações sociológicas mais complexas sobre risco.

São relativamente numerosas as abordagens sociológicas que possuem os riscos como categoria central. Podem, também, atingir variados graus de complexidade e contextualização.

Não é o objetivo deste trabalho abranger todas as várias teorias sociológicas do risco existentes, sendo suficiente, para o escopo almejado, abordar teorias competentes e significativas como preparação para a aproximação de efetividade aqui desejada.

Deve-se reconhecer que qualquer determinação de eventos, situações e até perigos que estejam dentro de um campo semântico de enquadramento do que seja considerado "risco" não é um fenômeno ou processo objetivo. Essa subsunção passa por construções mentais de calibração de "sensores" de percepção influenciáveis por muitos fatores subjetivos que moldam o quadro mental do avaliador, e essa subjetividade, determinada pelas realidades culturais, políticas, econômicas, religiosas, entre outras, influenciam grandemente não só a percepção dos eventos de risco, mas também as eventuais respostas a eles.

Das várias explanações sobre origem e desenvolvimento da noção de risco (Lupton, 1999; Mendes, 2015; Luhmann, 1993; Beck, 2011), percebe-se que o fator preponderante da diferenciação entre o risco dos antigos (anteriores à modernidade) e o risco dos modernos (modernidade e pós-modernidade) é baseado na pretensão de controlabilidade sobre causas e efeitos a partir de uma crescente noção matemática de probabilidade.

Faltava aos antigos a sistematização necessária à pretensão de controle sobre eventos que ora eram atribuídos à divindade e ora à natureza das coisas.

Com a modernidade, passa-se à noção, iniciada pelo Iluminismo, de que a chave para o progresso humano e ordem social é o conhecimento objetivo do mundo por meio da ciência e da razão, cujas leis poderiam

---

Nesse sentido, risco é uma escolha, em vez de um fato. As ações que ousamos tomar, que dependem de o quão livre nós somos para fazer escolhas, é o que é a história do risco. E essa história ajuda a definir o que é ser um ser humano." tradução nossa).

ser medidas, calculadas e preditas (Lupton, 1999). Aumentou, então, nos séculos 17 e 18, a pretensão de controlabilidade dos riscos, na esteira de uma crescente racionalização probabilística do mundo.

Essa pretensão de "controle" dos riscos e do deslocamento deles da causação divina ou natural para uma residência com a humanidade segundo determinadas racionalidades que mensurariam os diversos fatores formadores dos riscos é uma primeira noção marcante do desenvolvimento da noção de risco, tal como aconteceu com a própria política, cujo fundamento de poder, conforme descreveu e defendeu Hobbes (2009), passa do elemento teológico para o corpo social.

As avançadas técnicas científicas, probabilísticas e de administração da humanidade, num primeiro momento, fizeram parecer que haveria meios de controle dos principais riscos. O conceito de incerteza acabou sendo amenizado pela noção probabilística de risco.

De mágica, a humanidade passa a ser cartesiana e, depois, passa a ser quântica, considerando cada vez mais o fator probabilidade e menos as certezas deterministas. As possibilidades de dano, agora, são provocadas pelo homem, o que atrai tentativas de explicação dos riscos e também técnicas de apreensão e controle destes.

As abordagens sociológicas do risco são variadas. Lupton (1999, p. 36) elaborou interessante quadro apresentando possibilidades das abordagens epistemológicas do risco nas ciências sociais. A autora aponta que há uma abordagem *realista* do risco, que conceitua risco como um dano, ameaça ou perigo objetivos que *existem independentemente dos processos social e cultural*, mas que pode ser distorcido por esses fatores. Essas teorias estão associadas a perspectivas técnico-científicas, em sua maioria cognitivas. São formuladas por essa abordagem questões sobre existência do risco, como geri-los e como as pessoas respondem cognitivamente a eles.

Outra abordagem apontada por Lupton (1999, p. 37) é um *construcionismo fraco*, que considera risco como um dano, ameaça ou perigo objetivos que é inevitavelmente *mediado* pelos processos sociais e culturais, e não pode ser conhecido de forma isolada desses processos. Nessa corrente se enquadra a "sociedade de risco" e o estruturalismo crítico, que indagam qual a relação do risco com as estruturas e processos da modernidade tardia e como o risco é entendido nos diferentes contextos socioculturais. Também pertencem a esse construtivismo fraco as perspectivas cultural, simbólica, estruturalista-funcional, psicanalítica e fenomenológica, que se interessam na seletividade dos riscos, de que maneira operam como delimitadores simbólicos, em como funciona a psicodinâmica das respostas aos riscos e em como ele é situado no contexto.

Por fim, a autora define como posição epistemológica um *construcionismo forte*, que considera que *nada é um risco em si mesmo*, mas considerá-lo como tal é uma "forma de ver" histórica, social e política. Pertenceriam a tal categoria os estudos sobre governamentalidade do risco e os pós-estruturalistas. Essa posição epistemológica se pergunta como os discursos e as práticas sobre o risco operam na construção da subjetividade e da vida social.[6]

Luhmann lança uma luz diferente na abordagem construcionista dos riscos, enchendo-a de perguntas, aberturas e fechamentos semânticos, mas, pelo que parece, pode-se enquadrar sua abordagem em um meio-termo entre o construcionismo forte e o fraco, visto que foca a diferenciação dos sistemas (perante a complexidade), inclusive os sociais, como mediadores dos relacionamentos com o entorno.

Todas essas perspectivas teóricas (cultural/simbólica, sociedade de risco e governamentalidade) são formas de explicar uma categoria de pensamento que é instrumento, por sua vez, da tentativa humana de ter um mínimo de influência nas probabilidades. O que se pode aferir das várias formas de abordagens sociológicas é o poder que a categoria "risco" exerce na humanidade. A utilização dessa categoria para o bem da sociedade é, a um só tempo, um desafio, mas também um dever de justiça, conforme se verá mais adiante neste trabalho.

1.2 Sociedade de risco (Beck)

Dentre as noções apresentadas anteriormente, será apresentada em maior profundidade a perspectiva da "sociedade de risco" (que se pode enquadrar como pertencente a uma epistemologia de construcionismo fraco, ou seja, em que há uma relação, mais ou menos limitada, entre os processos sociais e culturais e os riscos). A abordagem da sociedade de risco traz uma visão que favorece uma maior objetivação nos contornos do risco, preparando terreno para abordagens mais práticas da governança dos riscos, um dos objetivos deste trabalho. Não pode descartar ou diminuir as outras categorias epistemológicas para fins analíticos diversos, visto que a abordagem sobre outros alicerces pode revelar ângulos igualmente importantes.

---

[6] Mais indicações bibliográficas sobre a postura epistemológica construcionista e as implicações éticas dessa corrente podem ser obtidas em Galbin (2014) e em Schwandt (2006), quanto a ilustrações sobre construcionismo fraco e forte nas investigações qualitativas.

O aspecto sociológico de riscos será, portanto, feito a partir de Beck (2011), visto que foi o primeiro teórico a "consagrar" o risco como fenômeno característico de uma mudança de grande impacto na sociedade (Mendes, 2015, p. 18) e ainda se mantém atual. Sua perspectiva é similar a teóricos como Giddens (1990), que também baseia sua ideia na premissa de que a vida moderna fez surgir uma sociedade diferente em hábitos e costumes. Ao passo que a obra de Giddens foca um pouco mais o aspecto cultural da humanidade moldada pelo risco, Beck foca o aspecto dos efeitos ubíquos do risco. Tanto Giddens quanto Beck poderiam ser utilizados para fazer a mesma abordagem de risco aqui intentada, tal como fez Lupton (1999). Preferiu-se Beck por se apresentar de forma mais simplificada e clara na abordagem dos riscos globais-locais.

Ulrich Beck (1944-2015) apresentou sua teoria transdisciplinar da Sociedade de Risco nos idos de 1986, sendo ela polêmica na época, muito por conta do acidente nuclear de Chernobyl, que "materializava" as advertências que recentemente fizera.

Beck, de forma geral, ressalta o caráter ubíquo dos riscos e dos seus efeitos. Uma frase que ilustra bem a mensagem de Beck é que "a miséria pode ser segregada, mas não os perigos da era nuclear" (Beck, 2011, p. 7).

As forças da natureza tecnicamente libertas pelo homem teriam transformado o "individualismo moderno, já levado por sua vez ao limite, em seu mais extremo contrário" (Beck, 2011, p. 8), ou seja, os efeitos dos empreendimentos humanos não estariam mais circunscritos a um bairro, cidade, região, país ou continente, mas se alastrariam inexoravelmente para todos os lugares.

Coloca-se a racionalização "reflexiva" como peça-chave para a absorção dos impactos dos riscos. O local e o global agora são de separação tênue ou inexistente. Uma sociedade de risco é tal que se preocupa constantemente com os riscos e faz com que eles influenciem de maneira poderosa nas definições de políticas e de governança.

Beck (2011) introduz o macroconceito de "sociedade (industrial) de risco", para significar uma sociedade constantemente "preocupada" com os riscos que o processo de industrialização e desenvolvimento tecnológico passaram a impor a ela. Os riscos causados pelo desenvolvimento científico e industrial (possibilidades de dano) não podem ser contidos no tempo e no espaço, o que diferencia a sociedade de risco de sociedades passadas. Devido à hipercomplexidade das relações humanas, haveria dificuldade de responsabilização pelos danos.

Para a teoria da sociedade de risco, a sociedade moderna tem no risco um fator determinante do pensamento e da ação, sendo que a distributividade dos riscos necessariamente se dá pelo espalhamento dos "males" de forma transescalar (local e global) (Mendes, 2015, p. 24).

A teoria do risco de Beck é essencialmente cosmopolita, obrigando a uma abordagem mais ampla possível dos eventos e processos causadores de risco. Além disso, traz o elemento que chama de reflexividade, ou seja, espécie de "cálculo" a ser feito entre a natureza e magnitude do risco e os efeitos possíveis na realidade. Beck (2011) aponta que os eventos de risco atingem não só os causadores ou os sofredores dos efeitos, mas a todos, em maior ou menor grau. Rompem-se monopólios de especialidade quanto ao controle de explanação dos riscos e seus efeitos.

Beck, portanto, foi um dos pioneiros em trazer um pensamento sistemático sobre o significado mais profundo de riscos civilizatórios, propondo de forma ampla uma avaliação racional com uma *racionalidade aberta*, e não puramente especializada. Eis a importância crucial da teoria do risco de Beck. O risco foi alçado a uma categoria sociológica e de pensamento central, que passa a atrair à ação humana uma crítica que antes existia de forma não propriamente identificada. Os efeitos dos riscos, antes privados e locais, agora são públicos e extremos.

As respostas racionais aos riscos passam a ser determinantes para a continuidade da própria civilização, trazendo uma acepção transversal do risco (efeitos para além do causador ou sofredor do dano). O risco moderno, para Beck, derivado do processo de modernização, afeta a própria percepção da existência humana, implicando impossibilidade de entendimento, manejo e controle dos fatores de risco (Bosco, 2016, p. 36).

De fato, em termos gerais, percebe-se que, para Beck (2011), o risco é a expectativa de catástrofes, que possuem o condão de impactar o mundo de forma ubíqua. Tal visão possui grandes implicações no pensamento pós-moderno relacionado com o processo de globalização. Percebe-se o caráter de hipercomplexidade dos riscos, de sua distribuição não equânime e da influência da própria sociedade na mensuração deles.

Uma grande contribuição da teoria da sociedade de risco de Beck é a constatação da dualidade dos riscos civilizatórios, que passam a ser locais/globais, bem como a distribuição transversal dos efeitos dos riscos possivelmente materializados (catástrofes). A necessidade de abordagem ampla e não tecnicamente limitada é contribuição de Beck, que já traz alusões à necessidade de uma democracia participativa na gestão dos riscos.

A sociedade de risco apresenta desafios novos à própria democracia, conforme arrazoa Beck (2011, p. 97):

> Justamente com a ampliação dos perigos surgem na sociedade de risco desafios inteiramente novos à democracia. A sociedade de risco abarca uma tendência a um totalitarismo "legítimo" da defesa diante do perigo, que, com a incumbência de evitar o pior, acaba provocando, como todos sabem ser praxe, algo ainda pior. Os "efeitos colaterais" políticos dos "efeitos colaterais" civilizacionais ameaçam o sistema político-democrático em seu domínio. Ele vê-se confrontado com o desagradável dilema de ou bem fracassar diante de perigos produzidos sistematicamente ou então revogar, por meio de "esteios" autoritários derivados do poder de polícia do Estado, princípios básicos da democracia. Romper com esse dilema é uma das tarefas cruciais do pensamento e ação democráticos, tendo em vista o atual futuro da sociedade de risco.

Manter a democracia diante de perigos tão próximos, graves e iminentes é, realmente, um desafio colocado à democracia hodierna. Faz-se necessário, então, o que Beck (2011, p. 290) chama de "nova cultura política", constituída de uma "ampla ativação política dos cidadãos", que, pela sua participação, passarão a estar cientes de seus interesses e mais aptos a protegê-los.

Renn (2008, p. 13, tradução nossa) faz um excelente sumário das principais afirmações da teoria do risco de Beck:

> O Risco substituiu o capital como a principal fonte de expansão capitalista. Pela disseminação de riscos sobre uma população maior e externalização das consequências não intencionais da produção para terceiros, os lucros de empreendimentos privados podem ser sustentados numa situação competitiva de mercado.
>
> A aceitabilidade do risco é mais dependente da percepção de justiça distributiva do que da percepção da magnitude do risco.
>
> As organizações na indústria e no governo desenvolveram rotinas para prover gestão de riscos. Como resultado, no entanto, essas rotinas tendem a subenfatizar a responsabilidade e a *accountability*.
>
> A avaliação técnica de riscos (baseada no conceito de combinar probabilidade e magnitude) constitui estratégia de legitimação para justificar a criação de riscos ubíquos e iludir as pessoas a aceitar os perigos para suas vidas e meios de vida que não aceitariam com base em sua intuição.[7]

---

[7] "*Risk has replaced capital as the main resource for capitalist expansion. By spreading risks over a larger population and externalizing the unintended consequences of production to third parties, profits of private enterprises can be sustained in a competitive market situation.*

Assim, vê-se que a um só tempo Beck expõe toda a importância da correta abordagem do risco, mas também expõe o uso enviesado que a prática pode ter, bem como os malefícios que a própria gestão de riscos pode causar. Longe de afastar a sua importância, as cautelas ressaltam ainda mais a correta abordagem e entendimento dos riscos como instrumento da tão sonhada sustentabilidade, objetivos fundamentais e direitos humanos.

Os recentes acontecimentos relacionados com a saúde mundial (covid-19) ressaltam a mensagem de Beck de que o local de origem dos riscos não mais necessariamente limita os efeitos sentidos por aqueles que sofrem a materialização dos eventos, e a abordagem (identificação, análise e resposta) dos riscos deve ser ao mesmo tempo global, local e, assim, ubíqua.

A teoria do risco de Beck é por demais ampla e sofisticada para uma abordagem rápida, mas essa aproximação introdutória serve para preparar terreno para uma sistematização maior e uma abstração diferente da categoria "riscos"; essa abordagem está presente na perspectiva sociológica que Niklas Luhmann lança sobre a temática "riscos".

1.3 O risco na abordagem sistêmica de Luhmann

Luhmann (1993) faz sobre riscos sua abordagem sistêmica, tal como fez com diversos outros objetos, como o direito, a educação, a epistemologia, a teoria política, a economia, a religião e outros tantos. Influenciado pela teoria estruturalista-funcional de Parsons[8] (1961; 1991), e pela teoria da autopoiese (neologismo criado) de Maturana e Varela (1980), principalmente a ideia de produção e reprodução orgânica de sistemas e a explicação da dinâmica da autonomia dos sistemas, Luhmann sistematizou essas ideias e expandiu-as para o campo da sociologia para criar sua teoria dos sistemas sociais. Luhmann passa, então, a identificar diversos sistemas e subsistemas sociais, bem como

---

Risk acceptability is more dependent upon the perception of distributive justice than upon the perception of risk magnitude.
Organizations in industry and governments have developed routines for taking up the task of providing risk management. As a result, however, these routines tend to de-emphasize responsibility and accountability.
Technical risk assessments (based on the concept of combining probability and magnitude) constitute legitimization strategies for justifying the creation of ubiquitous risks and lure people into accepting threats to their lives and livelihoods that they would not accept on the basis of their intuitive feelings."

[8] Principalmente quanto ao conceito de diferenciação dos (nos) sistemas.

a explicar a relação entre eles por meio de comunicação e de diferenciação do ambiente, com o qual deve ser compatível de várias formas. A autopoiese é, a um só momento, elemento de continuidade e de definição de um sistema. A diferenciação de um sistema com seu ambiente não tem o condão de negar a comunicação com ele, mas apenas revela a existência de áreas de validação de insumos que o "irritam", ou provocam reações próprias do escopo do sistema.

O observador do sistema exerce um papel importante, visto que, na autopoiese, um sistema confina a si próprio à produção de suas operações, e a diferenciação entre um sistema e o ambiente requer um observador para ligar o processo interno com o mundo exterior, pois apenas o observador pode atestar a causalidade das relações entre o ambiente e o sistema. (Baraldi *et al.*, 2021, p. 39).

A aproximação de Luhmann quanto ao sistema dos riscos é um tanto quanto distinta da abordagem de Ulrich Beck, se bem que pode ser considerada complementar a ela. Luhmann contribui grandemente no avanço da definição do conceito de risco, trazendo elementos abstratos que, além de tornar a abordagem dos riscos na sociedade moderna mais sofisticada, auxiliam no aclaramento de conceitos importantes, como percepção e mitigação dos riscos.

Será preciso entender na teoria dos sistemas de Luhmann como o aspecto de autorreferenciamento de alguns sistemas (como o econômico) incrementa riscos sociais. E isso, por si só, é uma tarefa árdua.

É de se reconhecer que não se consegue uma visão mais ou menos clara da teoria dos sistemas de Luhmann sem auxílio. Encontra-se uma boa ajuda em Baraldi *et al.* (2021), cuja utilidade está justamente em apresentar determinado sistema de ideias que possibilitam uma média compreensão da abordagem de Luhmann dentro do objeto a ser explorado, o que, em nosso caso, é a abordagem dos Riscos. Baraldi *et al.* (2021) apresenta seis formas de abordar a teoria dos sistemas sociais de Luhmann a partir de conjuntos de conceitos apresentados na obra. Por exemplo, como uma primeira forma de leitura, apresentam-se vocabulários relacionados com o conceito fenomenológico de significado. O vocabulário básico luhmanniano para essa compreensão seria "significado", "complexidade", "mundo", "dimensões do significado", "atribuição" e "negociação" (Baraldi, 2021, p. 22).

Para nosso objeto, o conjunto semântico de conceitos de Luhmann apresentado por Baraldi *et al.* (2021, p. 24) é aquele focado nas particularidades da sociedade moderna na diferenciação funcional, sendo tais conceitos relacionados com subsistemas da sociedade diferenciada funcionalmente. Os conceitos-chave são "diferenciação", "diferenciação da sociedade", "código", "programa", "sistema educacional", "sistema artístico", "sistema médico", "sistema político", "sistema legal", "sistema religioso", "sistema de famílias", "sistema econômico", "sistema científico", e, por fim, "risco/dano".

Para Luhmann (1983, p. 45), pela natureza limitada do homem tomado em sua individualidade, o mundo se apresenta pelo binômio complexidade e contingência, e com complexidade Luhmann queria dizer "que sempre existem mais possibilidades do que se pode conceber". Por contingência entende-se o fato de "que as possibilidades apontadas para as demais experiências poderiam ser diferentes das esperadas".

Em termos mais práticos, "complexidade significa seleção forçada, e contingência significa perigo de desapontamento e necessidade de assumir-se riscos" (Luhmann, 1983, p. 46).

Nesse mundo de quase ilimitada complexidade e contingência, a existência de outros indivíduos que possuem pretensão de igualdade e que possuem suas próprias expectativas somadas à minha torna a sociedade complexa.

A equalização de expectativas por um processo de simplificação é necessária, para que haja o mínimo de orientação e formação de expectativas minimamente padronizadas.

A abordagem dos riscos num contexto de governança (risco se procurará definir mais adiante, mas é de compreensão quase intuitiva) é uma espécie de processo de apreensão da realidade ante um contexto contingente e complexo, visando ao entendimento de expectativas consensuais para produzir respostas dentro de um sistema.

O próprio processo de formação normativa pressupõe, na realidade, essa contingência e complexidade, cuja simplificação típica é necessária para a orientação dos indivíduos num sistema democrático. Riscos podem ser abordados como causa material de existência de uma grande parte de normas jurídicas, que sao inseridas no sistema como reguladoras de comportamento justamente para que se evite a realização de um risco (ou se proteja uma oportunidade, no sentido análogo possível).

Para Luhmann (1983, p. 50), o processo de simplificação é necessário porque "com a complexidade e a referência mútua das expectativas, também aumentam a complexidade e o risco de erros", referentes inclusive às expectativas dos indivíduos perante os outros.

Da mesma forma, à identificação de riscos, ao se assemelhar ao processo normativo, se aplica uma redução generalizante necessária à apreensão de uma realidade que, dado um consenso validador, gera padronização de expectativas.

A complexidade e a contingência precisam ser de certa forma apreendidas e controladas, para que esse elemento informativo gere os resultados esperados no sistema.

A complexidade do mundo torna possível uma diversidade de escolhas possíveis ante uma realidade contextual. Os recursos materiais para o enfrentamento dos problemas geralmente são escassos, fazendo que as decisões sobre o enfrentamento dos riscos se tornem, elas mesmas, arriscadas no sentido de não serem as mais apropriadas diante das possibilidades.

Luhmann (1993) traz, portanto, uma visão holística e sistemática (no sentido que atribui a "sistemas") de risco. A própria ideia de contingência, apresentada por Luhmann, traz um potencial de desapontamento e a necessidade de tomada de riscos, pois tanto o "ego" como o "alter" observam socialmente as escolhas realizadas, e essa escolha influencia a de cada um na tomada de riscos.

"Riscos", então, para Luhmann, refere-se à possibilidade de danos futuros que ocorram por nossas decisões presentes. Decisões são feitas sem certezas, por absoluta impossibilidade da contingência.

O risco luhmanniano é dependente da atribuição da possibilidade de danos de uma reação a algum risco, requerendo uma "observação de segunda ordem", em que o observador observa um outro observador, de modo que essa forma de observação permite a diferenciação da situação como apenas um perigo (danos não atribuíveis às decisões) ou como um risco propriamente dito (os danos de uma decisão são atribuíveis). O perigo de molhar-se quando chove foi transformado em risco pela invenção do guarda-chuva (Baraldi *et al.* 2021, p. 201). Essa distinção muda a noção de segurança de danos futuros, visto que não se pode ficar a salvo por completo deles, pois mesmo ações para evitar os riscos são arriscadas (assim como a perda de oportunidades). A distinção risco/perigo também determina a propensão para aceitar riscos (apetite a risco, conforme definiremos mais à frente).

A abordagem de riscos, então, é uma das formas como a sociedade controla suas mudanças, ligando eventos futuros a decisões atuais. A resposta real aos riscos será sempre dependente do futuro, em maior ou menor medida.

Informações novas, mesmo que racionais, não diminuem o risco por si só, mas aumentam a percepção de risco, fazendo com que o observador atribua mais peso a determinados eventos que considera um risco.

Pode-se constatar que Luhmann percebe importantes características do risco: a dependência de um observador, que atribui um nexo causal entre as situações avaliadas e as consequências; a percepção de riscos aumenta à medida que se aumenta a informação; o controle de meios de mitigação gera certo dever de ação mitigatória; não tomar certos riscos é, por si só, arriscado.

A distinção entre riscos e perigo é importante, se entendida no contexto de Luhmann. Situações em que não se identifica nexo causal entre o acontecimento e o dano são, para Luhmann, excluídas da possibilidade de mitigação; mas situações que atraem alguma forma de gestão para mitigação seriam propriamente riscos e, portanto, mitigáveis por ação.

Risco e perigo, bem como a classificação do evento como um ou outro, dependem de atribuição, observação e, portanto, são expectativas, altamente dependentes do processo comunicativo.

Luhmann (1993, p. 28) chega a um importante *insight*: não há comportamento livre de risco, o que equivale a dizer que não há segurança absoluta. A escolha de um ou outro comportamento dependerá, portanto, de uma escolha baseada, de certa forma, em um cálculo de custo-benefício. Ressalta também que mais conhecimento, por si só, não mitiga riscos, pois ele aumenta a percepção de riscos antes não percebidos. Até a prevenção dos riscos pode ser considerada um risco, atraindo os problemas de avaliação e aceitação deles. Se a avaliação e aceitação dos riscos forem feitas pelo elemento político, é acrescida uma complexidade ainda maior, pois envolve coordenação de expectativas. Esse aspecto faz surgir a demanda por governança democrática dos riscos.

A adoção ou tendência de uma ou outra abordagem sociológica sobre riscos, a exemplo da explanação já mencionada de Lupton (1999), influencia, certamente, nas etapas de sensibilidade e identificação de riscos, na prontidão das respostas de mitigação, profundidade delas e na estratégia escolhida como resposta aos riscos. O que não varia, dentro das principais abordagens sociológicas do risco, é a constatação de que a sociedade pode: criar riscos; incrementar riscos existentes; escolher forma de resposta contra os riscos que criam mais riscos, ou mesmo piorar a situação dos riscos existentes; mitigar riscos presentes; mitigar riscos futuros; aproveitar situações de risco como oportunidades.

Em Beck se constata que os riscos não surgem "do nada", mas são criados de uma forma que, hoje em dia, transborda fronteiras e, inclusive, o tempo. Os riscos criados em determinadas localidades não são mais locais simplesmente, mas influenciam em muitas outras partes e, quiçá, no mundo todo. Ao apontar o caráter transversal, reflexivo e "distributivo" dos riscos, Beck chama a atenção para o fato de que os principais riscos civilizatórios precisam ter tratamento dúbio, ou duplo: local e global.

Devido a essa maneira peculiar de ver os riscos civilizatórios como sendo ao mesmo tempo locais, mas também globais, e vice-versa, por vezes utilizaremos "riscos globais↔locais" para chamar atenção a esse fenômeno.

A poluição de um rio, a contaminação radioativa, a desestabilização econômica local passa a reverberar, cada vez mais rápido e de forma mais evidente, a populações de regiões cada vez maiores. Doenças nascidas localmente passam, cada vez mais rápido, a ter repercussão mundial, e isso faz com que as abordagens contra os riscos civilizatórios não possam ser circunscritas para comunidades locais, sem conexão com seu "entorno". Daí resulta que a abordagem de Luhmann, sistêmica, tem especial valor no tratamento dos riscos, dada a condição de ubiquidade geral: da fonte dos riscos e dos efeitos.

Visto que os riscos modernos trazem à democracia desafios sistêmicos tão importantes, é de se perguntar se a cidade, região ou país (ou até mesmo agrupamento de países) podem abordar seus riscos de maneira efetiva num mundo cada vez mais fluido, com uma mudança cada vez maior nos sistemas e em seus entornos.

A noção de risco também precisa ser abordada de uma maneira mais analítica e concreta para que se possa pretender algum direcionamento em termos de prevenção e proatividade com relação aos eventos incertos que a humanidade teme que lhe sobrevenham.

Obviamente que não é suficiente a constatação da existência de riscos globais e locais, tampouco a constatação de que uma efetiva abordagem dos riscos há de ser sistemática, democrática e efetiva.

A operacionalização da resposta aos riscos depende de uma razoável definição do risco como categoria prática de governança e gestão, bem como entendimento do processo de gestão dos riscos pelas organizações públicas e privadas em seus vários níveis de compleição, atuação e objetivos.

Assim, atenção será dada agora às definições que favoreçam a operacionalização de ações administrativas na esfera pública, visto que situaremos o risco em nível local e de forma apropriada à governança das cidades, tendo em vista os objetivos de desenvolvimento sustentável.

1.4 Risco como categoria operativa de governança organizacional

Renn (2008, p. 2, tradução nossa) chama a atenção sobre a discussão entre a noção construtivista e a fenomênica do risco, chegando à conclusão de que, realmente, o risco é categoria mental humana baseada na experiência, concomitante ou prévia, e na racionalidade aplicada com o objetivo de previsibilidade e evitabilidade de danos:

> A questão aqui é se as estimativas técnicas de risco representam probabilidades "objetivas" de dano ou apenas refletem as convenções de um grupo de assessores profissionais de riscos que podem asseverar graus de validade ou universalidade que também podem ser feitas por outros grupos de stakeholders ou pelo público leigo. Ademais, diferentes culturas podem ter diferentes representações mentais do que consideram como "riscos" independentemente da magnitude ou probabilidade de dano. Em uma primeira vista, é óbvio que riscos constituem modelos mentais. Não são os fenômenos reais, mas se originam na mente humana. Os agentes, no entanto, organizam e recombinam criativamente os sinais que colhem do "mundo real", provendo estrutura e orientação para um processo contínuo de concretização da realidade. Portanto, os riscos representam o que as pessoas observam na realidade, e o que elas experimentam de dano real (as consequências do risco) no sentido de que vidas humanas são perdidas, impactos na saúde podem ser observados, o ambiente é prejudicado ou construções arruinadas. A invenção do risco como um construto mental é contingente sobre a crença de que a ação humana pode prevenir antecipadamente o dano.[9]

Renn parece indicar, portanto, uma natureza dúbia da categoria risco: construtivista e também fenomênica, visto que a razão é aplicada sobre padrões e acontecimentos observados na realidade.

---

[9] "The issue here is whether technical risk estimates represent 'objective' probabilities of harm or only reflect the conventions of an elite group of professional risk assessors that may claim no more degree of validity or universality than competing estimates of stakeholder groups or the lay public. Furthermore, different cultures may have different mental representations of what they regard as 'risks' independent of the magnitude or probability of harm. On first glance it is obvious that risks constitute mental models (OECD, 2003a, p. 67). They are not real phenomena, but originate in the human mind. Actors, however, creatively arrange and reassemble signals that they get from the 'real world', providing structure and guidance to an ongoing process of reality enactment. Therefore, risks represent what people observe in reality and what they experience. The link between risk as a mental concept and reality is forged through the experience of actual harm (the consequence of risk) in the sense that human lives are lost, health impacts can be observed, the environment is damaged or buildings collapse. The invention of risk as a mental construct is contingent upon the belief that human action can prevent harm in advance."

Estabelecer os significados, as inter-relações e característica de riscos como categoria civilizatória é importante, mas insuficiente se quisermos atingir o aspecto de efetividade local do atingimento de objetivos tão salutares e difíceis quanto os "Objetivos do Desenvolvimento Sustentável".

Assim, é apropriado que o risco seja abordado também quanto categoria de atos e políticas de gestão específicos. Criaram-se, para tanto, vários *frameworks* de governança e gestão de riscos que auxiliam na abordagem de riscos organizacionais, empresariais ou governamentais. São modelos mentais para facilitar a observação e percepção dos riscos, na tentativa mais ou menos imperfeita de apreensão da realidade visando influenciar nos acontecimentos, seja evitando-os, seja tomando ações apropriadas após a concretização de algum evento.

Nessa perspectiva de governança corporativa, uma das definições mais sucintas e elegantes de risco é trazida pela norma técnica *ABNT NBR ISO 31000:2018* (Associação Brasileira de Normas Técnicas, 2018): o risco seria *o efeito da incerteza nos objetivos*.

A um só tempo essa definição traz características importantes do risco: o elemento incerteza, o efeito que essa incerteza pode ter nos objetivos, e o próprio objetivo, aí colocado de forma genérica a qualquer empreendimento. Equivale a concluir que onde há objetivos, há riscos que podem comprometer o seu atingimento.

Essa será a definição de risco que adotaremos neste trabalho para ser operacionalizado pelas estruturas administrativas municipais. Há inúmeras outras definições de risco, elaboradas por várias instituições e autores, que incluem vários elementos. Mas, como adverte Lupton (1999, p. 43), na medida em que os objetos podem ser ligados uns com os outros, e como um dano no modelo de atribuição causal é potencialmente infinito, tudo poderia ser definido como um "risco".

O Tribunal de Contas da União (Brasil, 2015) apresenta tabulação de dez referenciais de gestão de riscos corporativos:

- COSO Internal Control – versão 2013
- COSO ERM – 2004 + Guias complementares
- AS/NZS 4360:2004 + Management Guidelines Companion
- ISO 31000:2009 + ISO Guide 73:2009
- United Kingdom HM Treasury Orange Book 2004
- Australian Government Department Commonwealth Risk Management Policy
- Ferma A Risk Management Standard

- IFAC Managing Risk as an Integral Part of Managing an Organization
- KING III Code for Governance Principles
- INTOSAI GOV 9130 Guidelines for Internal Control Standards for the Public Sector Further information on entity risk management

Todos os *frameworks* listados *associam riscos a objetivos*, sendo que esse fator é um dos poucos consensos entre os vários *frameworks* mundiais de gestão de riscos corporativos.

A maioria deles (9) considera riscos em contexto de oportunidades, em vez de considerar risco "apenas" ameaças aos objetivos. A grande maioria tem como características gerais a necessidade de instituir política para gestão dos riscos como modo de definir critérios aceitáveis de seleção dos riscos.

A utilização da gestão de riscos na definição de estratégias é ponto comum, assim como a consideração de custo-benefício para a decisão do tratamento de riscos.

Os *frameworks* estabelecem unanimemente que riscos precisam de "proprietários", ou seja, riscos levantados, específicos, precisam ter a *accountability* definida, para que haja efetividade e monitoramento das medidas mitigadoras dos riscos.

Quanto às *definições de risco*, o Tribunal de Contas da União (Brasil, 2015) levantou:

Tabela 1 – Definições operacionais de risco dos principais padrões

COSO Internal Control – versão 2013	COSO ERM – 2004	AS/NZS 4360:2004	ISO 31000:2009 + ISO Guide 73:2009	HM Treasury Orange Book 2004
Risk — The possibility that an event will occur and adversely affect the achievement of objectives. (Risco – A possibilidade que um evento ocorra e afete adversamente o atingimento de objetivos).	*Risk – The possibility that an event will occur and adversely affect the achievement of objectives.* *Opportunity – The possibility that an event will occur and positively affect the achievement of objectives.* (Risco – A possibilidade que um evento ocorra e afete adversamente o atingimento de um objetivo. Oportunidade – A possibilidade de que um evento ocorra e afete positivamente o atingimento de um objetivo).	*The chance of something happening that will have an impact on objectives. Risk may have a positive or negative impact.* (A chance de que algo aconteça e tenha um impacto nos objetivos. Riscos podem ter um impacto positivo ou negativo.)	*Efeito da incerteza nos objetivos.* Um efeito é um desvio em relação ao esperado – positivo e/ou negativo. Objetivos podem ter diferentes aspectos, tais como metas financeiras, de segurança e ambientais e podem aplicar-se em diferentes níveis como: estratégico, na organização, de projeto, de produto ou processo.	*Uncertainty of outcome, whether positive opportunity or negative threat, of actions and events. It is the combination of likelihood and impact, including perceived importance.* (Incerteza de resultado, seja oportunidade positiva ou ameaça negativa, de ações e eventos. É a combinação de probabilidade e impacto, incluindo a importância percebida.)

Fonte: Elaborada a partir de Brasil (2015, tradução nossa)

Dessa forma, definir-se risco como "efeito da incerteza nos objetivos" atende razoavelmente aos fins deste trabalho quando se aponta a risco como categoria ligada à possibilidade de gestão organizacional, sejam organizações privadas ou públicas, de maior ou menor abrangência e envergadura política. Definições complementares, como fonte de risco, evento, probabilidade, impacto (consequência), serão também retiradas da *ABNT NBR ISO 31000:2018*, pelos mesmos motivos de simplicidade e operabilidade.

Nesse sentido, fonte de risco é aquilo que dá *origem* ao risco. O termo ameaça, muitas vezes utilizado em alguns referenciais, será aqui visto como risco inerente. Vulnerabilidade, como risco residual. Tais conceitos serão definidos mais à frente e essa correspondência está de acordo com referenciais respeitáveis, como o COSO (COMMITTEE OF SPONSORING ORGANIZATIONS OF THE TREADWAY COMMISSION, 2017).

Evento pode ser definido como ocorrência ou mudança que, se afetar o objetivo, pode ser considerado "evento de risco". Probabilidade é a chance de algo (evento) ocorrer; consequência é o resultado nos objetivos caso o evento ocorra.

Vulnerabilidade, referida em alguns referenciais de risco, fará aqui parte do conceito de fraqueza de controle, que expõe ainda mais o objetivo ao evento de risco identificado.

O "processo" de gestão de riscos também possui etapas geralmente aceitas:

Identificação de riscos: suas fontes, causa dos eventos, vulnerabilidades, contextos, indicadores, natureza dos ativos e recursos, impacto nos objetivos, confiabilidade de informações, etc.

Análise de riscos: compreensão mais profunda da natureza e característica dos riscos e dos elementos identificados no processo de identificação de riscos. Pode haver análise qualitativa, quantitativa ou ambas. Nessa fase de análise, a qualidade das opiniões dos participantes (ou observadores, como quer Luhmann) é muito importante, visto que vieses podem afetar as descrições, o que pode afetar a etapa seguinte, de avaliação.

Avaliação de riscos: etapa que visa fornecer estratégias para a tomada de decisão de resposta aos riscos identificados e avaliados, podendo levar a uma aceitação do risco ou à opção por um "tratamento".

O "tratamento dos riscos" nada mais é do que medidas escolhidas para que se tente diminuir a probabilidade de ocorrência do evento (ação preventiva) ou mitigar os efeitos das consequências do evento (ação corretiva).

Descrevendo algumas opções de tratamento (ou seja, de reação do sistema à informação de que determinada situação possível representa ameaça ao objetivo) a Associação Brasileira de Normas Técnicas (2018) elenca:

- evitar o risco ao decidir não iniciar ou continuar com a atividade que dá origem ao risco;
- assumir ou aumentar o risco de maneira a perseguir uma oportunidade;
- remover a fonte de risco;
- mudar a probabilidade;
- mudar as consequências;
- compartilhar o risco (por exemplo, por meio de contratos, compra de seguros);
- reter o risco por decisão fundamentada.

Somam-se ao processo básico anteriormente descrito etapas "sistêmicas", integradas à organização ou ao processo, como o monitoramento e a análise crítica dos riscos, o registro e relato deles, um processo constante de comunicação e consulta das partes interessadas, dos detentores dos riscos e da governança e outros aspectos fundamentais, como a necessária liderança para que o processo seja iniciado e continuado iterativamente.

Dois conceitos ajudam a visualizar o risco considerando o contexto da organização ou situação: risco inerente e risco residual.

Risco inerente é o "risco bruto", pois não leva em conta as eventuais ações administrativas adotadas no sentido de mitigá-lo (Dantas et al. 2010, p. 13), ou seja aproxima-se da noção de ameaça, pois há a concentração não situada das características do risco.

Risco residual é o risco no contexto em que se analisa, com todas as ações de mitigação já consideradas para que haja uma avaliação de vulnerabilidades ainda presentes. Leva em conta dois importantes fatores: o apetite a risco e a tolerância a risco, ambos relacionados com os limites de exposição à incerteza do atingimento de alguns objetivos, considerando a estratégia.

> O apetite a risco é a quantidade de riscos, no sentido mais amplo, que uma organização está disposta a aceitar em sua busca para agregar valor. O apetite a risco reflete toda a filosofia administrativa de uma organização e, por sua vez, influencia a cultura e o estilo operacional desta. (Committee of Sponsoring Organizations of the Treadway Commission, 2007, p. 20).

Obviamente, os riscos não podem ser identificados e tratados sem a consideração de um contexto maior de direcionamento e controle que se convencionou chamar de "governança".

1.4.1 Governança a partir da perspectiva da teoria da agência. Governança democrática.

Governança é conceito naturalmente amplo, atrativo de conceitos correlatos que se aproximam da ideia de garantia de atingimento de objetivos, o que forçosamente faz incluir a gestão de riscos em seu bojo.

A governança, que envolve também a ideia de boa administração de recursos próprios ou alheios, hoje em dia é explicada, entre outras formas, pela chamada Teoria da Agência, ou Problema do Agente-Principal.

Hoje a Teoria da Agência representa um papel importante na ciência política, na economia e na administração pública e privada, além de outros ramos do conhecimento, conferindo uma explanação racional de necessidades administrativas e conferindo um ponto de partida para um sistema de governança que gera uma *accountability* (algo como gestão informativa) mínima. O conflito evidenciado pela Teoria da Agência é fenômeno invariavelmente ocorrente quando há encargo de alguém para a execução de outrem, representação ou outra relação que signifique gestão de recursos alheios. Mas a explanação dessa relação ficou mais evidente a partir do século 18, com Adam Smith e outros pensadores da seara econômica.

Pinheiro Filho (2016, p. 105), a partir de postulados da racionalidade econômica neoclássica (desejos ilimitados, recursos escassos; busca de maximização das utilidades pelos indivíduos – *trade off*; preferências dos indivíduos são estáveis, completas, transitivas e ordinais; indivíduos reagem a estímulos), explica que a Teoria da Agência trabalha com os seguintes elementos: a) o principal – detinidor de objetivos gerais e o detentor de meios; b) o agente – administrador dos recursos do principal para que o objetivo deste seja atingido; c) preferências e interesses não convergentes por parte do agente e do principal.

Há, na relação representada pela Teoria da Agência, a chamada "assimetria de informações", caracterizada pela informação incompleta ou uma situação na qual "uma das partes da transação não possui toda a informação relevante para averiguar se os termos do contrato que está sendo proposto são mutuamente aceitáveis e se serão implementados" (Pinheiro Filho, 2016, p. 109).

Assim, problemas de governança são causados pela falta de fluxo de informações entre o agente e o principal, visto que nem sempre as decisões serão tomadas visando ao interesse do principal, mas tendem a maximizar os interesses e preferências do agente.

Aprofundando-se e lançando mais bases para a Teoria da Agência, Jensen e Meckling (1976) abordaram os "custos da agência", ou seja, quais são os recursos expendidos pelo principal para que seus negócios sejam bem geridos, o que incluiria: 1) custos de monitoramento; 2) criação e estruturação de contratos;[10] 3) perdas residuais (causadas por decisões "equivocadas").

As perdas residuais são o aspecto da gestão realizada pelo agente que envolve a assunção de riscos de toda a sorte: decisões mercadologicamente arriscadas, decisões que não gerenciam riscos para os objetivos do principal, bem como riscos de toda sorte. Vista dessa ótica, a relação agente-principal envolve, em grande medida, a gestão dos riscos assumidos pelo empreendimento do principal, que deveria ser feita na interação entre o principal e o agente, com um fluxo de informações apropriado e consistente.

A assimetria informacional do agente-principal, bem como o conflito de interesses que pode ocorrer nessa relação, se aplica em todos os níveis: desde empresas e organizações privadas até organizações e administração pública.

Analise-se, por exemplo, o que se costuma chamar de "governança democrática".

O "esquema" da democracia representativa padrão é que o povo de um território, possuindo laços e riquezas comuns, decide constituir uma forma de autoadministração por meio do estabelecimento de estruturas de governança e gestão, ou uma estrutura geral de uma administração pública. O povo, ou os indivíduos habilitados em seu conjunto, é "o principal" dessa relação de agência, ao passo que todos os administradores, gestores, agentes políticos dos poderes, servidores públicos e outros participantes dessa grande administração são os "agentes", cuja responsabilidade é gerir a "coisa pública" em benefício coletivo do "principal". Os agentes, portanto, possuem os recursos (materiais e organizacionais) e os objetivos fixados para que ajam em nome do "povo", "acionistas" dessa grande estrutura de administração.

Quando reunidos em determinadas reuniões, os acionistas, "principais", agem como conselho de administração que elegerá os agentes gestores.

---

[10] *"bonding expenditures by the agent".*

Os objetivos principais são dados pela Constituição Federal de 1988 (Ex.: Art. 3º da Constituição, a saber "construir uma sociedade livre, justa e solidária; garantir o desenvolvimento nacional; erradicar a pobreza e a marginalização e reduzir as desigualdades sociais e regionais; promover o bem de todos, sem preconceitos de origem, raça, sexo, cor, idade e quaisquer outras formas de discriminação"). Os direitos individuais, sociais e políticos dos acionistas são conferidos. A organização é organizada lógica e espacialmente (União, Estados e Municípios e suas estruturas administrativas). Metodologia de escolha de agentes (dentre os próprios membros principais) é estabelecida (eleições, concursos públicos, designações, contratações), etc. Competências e poderes são previstos, assim como prerrogativas e responsabilidades. Toda essa gama de instrumentos de gestão e governança nada mais é do que expressão da necessidade de governança e gestão de recursos por agentes e principais e atrai as mesmas necessidades administrativas que uma relação dessa demanda.

A gestão dos riscos associados aos objetivos estabelecidos pela parte "principal" é, portanto, o sentido primário da governança democrática estabelecida pelo arcabouço jurídico-político constitucional. Implícito no conceito de governança está a gestão dos riscos relacionados aos objetivos fixados pelo "principal". Pode-se igualmente referir-se a uma ideia de governança dos riscos, mas "governança" possui um sentido mais técnico e genérico, conforme passaremos a ver agora.

Mesmo com todas essas observações, o termo "governança" é daqueles mais fáceis de entender do que de definir. A OCDE aponta que "governança" é um meio para um fim: satisfazer as necessidades, e aumentar os ganhos, do povo (OCDE, 2018, p. 9). De maneira geral, todos os princípios e mecanismos saudáveis ao alcance dos objetivos caberiam no conceito de governança, o que a torna um conceito bastante dinâmico e abrangente.

O conceito de governança pode ser bem compreensivo e abranger vários aspectos da organização que se quer avaliar. Para nosso estudo, adotaremos a definição apresentada pelo Tribunal de Contas da União, visto que sintetiza os elementos mais importantes que compõem o conceito e o ajusta para a esfera pública Brasileira (COSO, IBGC, IFAC, entre outros).

> (...) o TCU sintetizou o conceito de que a governança pública organizacional compreende essencialmente os *mecanismos* de *liderança, estratégia e controle* postos em prática para *avaliar, direcionar e monitorar* a atuação da gestão, com vistas à condução de políticas públicas e à prestação de serviços de interesse da sociedade (Brasil, 2020b, grifo nosso).

Governança (principalmente no sentido de governança pública aqui apresentado) relaciona-se sobretudo com liderança em alto nível e seus consectários, direção, estratégia e controle.

O conceito de governança, conforme apresentado anteriormente, foi incorporado às normas da administração pública brasileira pelo Decreto nº 9.203/2017, que define governança pública como conjunto de mecanismos de "liderança, estratégia e controle postos em prática para avaliar, direcionar e monitorar a gestão, com vistas à condução de políticas públicas e à prestação de serviços de interesse da sociedade". Dentre os mecanismos apresentados no Decreto, está a gestão de riscos, que o normativo relaciona com controle e com estratégia.

Quando os objetivos da organização são alinhados com objetivos de desenvolvimento sustentável, cria-se um padrão interessante de definição de práticas de governança sustentáveis.

Governança de riscos é termo que atualmente passou a se referir à liderança dos processos de gestão de riscos.

O modelo COSO (COMMITTEE OF SPONSORING ORGANIZATIONS OF THE TREADWAY COMMISSION, 2017) passa a incluir os riscos de forma intrínseca e integrada à própria estratégia das organizações. A governança de riscos refere-se, nesse contexto, à liderança básica relacionada ao componente "riscos" e a como o fator "risco" é abordado tendo em vista as estratégias organizacionais.

Assim, o termo governança de riscos não trata de uma espécie diferente de governança, visto que a administração dos riscos é assunto conexo com a governança já exercida nos âmbitos de decisão fundamental. Mas trata de termo que auxilia a identificar a necessidade de integração da gestão de riscos com a estratégia organizacional, com os processos organizacionais e com os objetivos-chave, tendo em vista que o processo de gestão de riscos é um dos processos principais da governança.

Todos os papéis, ferramentas e mecanismos relacionados com o estabelecimento de um processo de gestão de riscos, de sua liderança, de sua supervisão e de seu monitoramento podem ser chamados de governança de riscos, principalmente quando os riscos são considerados no contexto das estratégias principais e objetivos principais da organização.

Um outro sentido para "governança de riscos" também é possível. Trata-se, como faz a OCDE,[11] de mecanismos de abordagem daqueles

---

[11] Veja-se, por exemplo, a abordagem que a OCDE faz de "governança de riscos" em: https://www.sgi-network.org/2020/Questionnaire e https://www.oecd.org/governance/risk/.

riscos mais evidentes e críticos, como os riscos de desastres, naturais ou de causas humanas, ligados, portanto, ao conceito de resiliência.

1.4.2 Governança qualificada pela sustentabilidade

Segundo Bosselmann (2015, p. 19), a sustentabilidade é princípio fundamental da lei e da governança, sendo que o grau de maturidade atingido permite a análise de seu significado e *status* legal. *Isso pode ser feito de modo similar ao que ocorre com outros princípios fundamentais, como justiça e liberdade, quando foram examinados e promovidos*. Bosselmann (2015, p. 20) chama a atenção no sentido de que a sustentabilidade ambiental "ainda é primo pobre da governança econômica", e o aspecto ambiental da governança deve sofrer uma atualização e redescoberta.

Se governança pode ser definida como mecanismo de direção, estratégia e controle para o atingimento de finalidades organizacionais, pode-se concluir que uma organização, mesmo pública, pode ter uma ótima governança dirigida para o atingimento de objetivos insustentáveis, errados ou inoportunos.

Juarez Freitas (2019, p. 45, grifo nosso) conceitua sustentabilidade de forma abrangente, conglobante:

> (...) eis o conceito proposto para o princípio da sustentabilidade: trata-se do princípio constitucional que determina, com *eficácia direta e imediata, a responsabilidade do Estado e da sociedade pela concretização solidária do desenvolvimento* material e imaterial, socialmente inclusivo, durável e equânime, ambientalmente limpo, inovador, ético e eficiente, no intuito de assegurar, preferencialmente de modo preventivo e precavido, no presente e no futuro, o direito ao bem-estar.

> (...) No conceito proposto, encontram-se reunidos elementos essenciais para a sustentabilidade, a saber: (1) a natureza de princípio constitucional diretamente aplicável, (2) a eficácia (encontro de resultados justos, não mera aptidão para produzir efeitos jurídicos), (3) a eficiência (o uso de meios idôneos), (4) o ambiente limpo (descontaminado e saudável), (5) a probidade (inclusão explícita da dimensão ética), (6) a prevenção (dever de evitar danos certos, individuais e coletivos), (7) a precaução (dever de evitar danos altamente prováveis), (8) a solidariedade intergeracional, com o reconhecimento de direitos fundamentais das gerações presentes e futuras, (9) a responsabilidade do Estado e da sociedade e (10) o bem-estar (acima de necessidades materiais).

Assim, é necessário que o próprio conceito de sustentabilidade, com todos os sentidos que lhe conferem os autores de peso já citados, influencie o próprio conceito de governança, para que nenhum objetivo (público ou privado) seja mantido sem que a sustentabilidade atue como força gravitacional subjacente e operante, determinando o conteúdo dos empreendimentos e a estrutura dos mecanismos de governança e gestão postos à disposição dos detentores dos meios materiais para a persecução dos objetivos fixados.

Coerente com tais assertivas, De Marco (2014, p. 481) assevera que

> O direito fundamental à cidade sustentável *vincula* todos os poderes estatais e a coletividade. Irradia valores concernentes a uma ordem urbanística justa e solidária, e não prescinde de participação democrática. Contempla posições defensivas e prestacionais dos bens e direitos à terra, à moradia, ao saneamento, aos transportes, à infraestrutura, entre outros.

O conceito de governança para, ou como instrumento da sustentabilidade, portanto, é importante, pois qualifica os objetivos da governança, servindo para cimentá-los à ideia básica de sustentabilidade em seus aspectos básicos, como o social, econômico e ambiental.

A OCDE (Organização para a Cooperação e Desenvolvimento Econômico) há muito reconhece que o crescimento econômico apenas não é suficiente e que os aspectos econômico, social e ambiental estão interconectados: abordar cada elemento de per si é um erro e leva à insustentabilidade; também, o desenvolvimento sustentável envolve a cooperação em escala mundial (Strange; Bayley, 2008, p. 24 e 25).

A mesma publicação (Strange; Bayley, 2008, p. 30) apresenta interessante análise, definindo desenvolvimento sustentável como:

- um modelo conceitual: um modo de mudar a visão predominante do mundo para um mais holístico e balanceado;
- um processo: um modo de aplicar os princípios de integração – através do espaço e do tempo – a todas as decisões;
- um objetivo finalístico: identificar e remediar problemas específicos de esgotamento de recursos, sistema de saúde, exclusão social, pobreza, desemprego, etc.

Com essas premissas como norte, a OCDE criou uma avaliação internacional denominada *Sustainable Governance Indicators* (ou Indicadores de Governança Sustentável), com o objetivo de ranquear países e promover o desenvolvimento sustentável de suas políticas.[12] As três grandes áreas estão representadas nos índices gerados pelos dados dos países avaliados (econômica, social e ambiental). Acrescenta-se avaliação da qualidade da democracia e da qualidade da governança executiva dos países.

A iniciativa SGI (*Sustainable Governance Indicators*) alega que provê a pesquisa mais completa sobre governança sustentável nos países da OCDE e da União Europeia. Os dados da SGI abrangem os três pilares básicos da governança (econômico, social e ambiental) e pesquisam indicadores dessas dimensões, juntamente com a qualidade da democracia e sobre governança em geral. São dezesseis campos de políticas analisados.

É um projeto interessante, visto que apresenta um índice geral baseado no equilíbrio das práticas setorizadas nas dimensões da sustentabilidade e nas práticas de democracia e governança.

O projeto apresenta um retrato balanceado das dimensões segundo critérios uniformes e apresenta representações sobre os pontos fortes e fracos de cada país participante da avaliação.

Este é um *benchmarking* importante para os municípios brasileiros, pois provê uma forma disciplinada e ampla de avaliação da governança direcionada ao desenvolvimento sustentável. A criação, por parte dos municípios, de uma forma de avaliação da governança local direcionada ao desenvolvimento sustentável poderá promover as práticas de governança sustentável, e os objetivos do desenvolvimento sustentável são plenamente compatíveis com tal forma e dimensões de avaliação.

Práticas tais como essa facilitam o compartilhamento de recursos, estudos e *know-how* importantes e podem catalisar as mudanças comuns necessárias em cidades com semelhanças socioeconômicas, ambientais e de outras dimensões.

Risco e sustentabilidade, todavia, se entrelaçam de formas mais profundas. Os próprios textos e declarações mundiais abordam essa relação explicitamente, sendo que objetivos locais são erigidos globalmente como meio de mitigar riscos, conforme se verá no próximo trecho desta pesquisa.

---

[12] Documentação e relatórios estão disponíveis em: https://www.sgi-network.org/2020/.

CAPÍTULO 2

O DESENVOLVIMENTO SUSTENTÁVEL COMO RESPOSTA GLOBAL↔LOCAL AOS RISCOS CIVILIZATÓRIOS

Como vimos no capítulo anterior, não é muito debatida a inferência de que – não se podendo falar mais em riscos eminentemente locais, limitados quanto a sua geração e impactos, mas sim em riscos locais/globais, de origem indeterminada e difusa, e de impactos também indeterminados e difusos – o enfrentamento dos riscos deve se dar de forma simétrica, ou seja, de forma difusa e descentralizada. Tal mensagem pode-se notar difusamente em Beck, cuja ideia central de modernização reflexiva afirma que a produção e a distribuição de riquezas fazem-se acompanhar por uma produção e distribuição de riscos (Bosco, 2016), e também de Luhmann (1993), que aponta a inevitabilidade e a relatividade dos riscos como aumentando a necessidade de decisão racional, dada a pretensão de controle da complexidade e contingência.

Neste capítulo se notará que a comunidade mundial não ficou inerte ante os riscos civilizatórios e riscos globais↔locais. Vários encontros mundiais foram realizados por organismos mundiais com o objetivo de identificar, avaliar e propor agendas positivas para o enfrentamento de riscos civilizatórios e mundiais de várias naturezas. A abordagem global deságua em ações que devem ser tomadas localmente, no âmbito dos municípios.

2.1 Agendas globais de mitigação de riscos civilizatórios

Nos diversos fóruns mundiais realizados no âmbito das Nações Unidas, identificou-se a carência de uma única característica faltante aos empenhos da humanidade que gera riscos de diversas naturezas: sustentabilidade.

Conforme bem sintetiza Hák *et al.* (2016), o conceito de desenvolvimento sustentável surgiu no contexto das preocupações ambientais (desde o primeiro aparecimento relevante da palavra, em 1982, com a *World Charter for Nature* – "Carta Mundial da Natureza").

Mas, desde a década de 1970, a ONU já se reunia para abranger riscos globais (por exemplo na Suécia, em 1972, Conferência das Nações Unidas sobre o Ambiente Humano, chamada de "Conferência de Estocolmo"). No relatório da conferência[13] há 180 referências a "desenvolvimento", nas mais diversas áreas e em assuntos ligados com o equilíbrio ambiental, mas ainda não se havia desenvolvido o conceito de desenvolvimento sustentável.

O conceito de desenvolvimento sustentável ganhou relevo com a Agenda 21, que foi uma série de 12 conferências que ocorreram na cidade do Rio de Janeiro, de 3 a 14 de junho de 1992. O termo desenvolvimento sustentável aparece já no primeiro princípio e permeia todos os documentos produzidos na "Rio 92".

Interessante que os termos "risco" e "gestão de riscos" estão muito presentes na "Declaração do Rio" (ONU, 1992), ligados a áreas como cooperação internacional para atividades ligadas à gestão e aos objetos de proteção ambiental.

Riscos foram abordados explicitamente na Declaração do Rio quanto à "Promoção da Proteção e Promoção da Saúde Humana" (Programa para redução de riscos à saúde de poluição e danos ambientais), risco de epidemia, riscos da biotecnologia, riscos químicos, risco de exposição a lixo tóxico.

No capítulo 35 da Declaração do Rio (ONU, 1992, p. 426), há interessante chamamento à "Ciência para o Desenvolvimento Sustentável", em que é destacado o papel e o uso da ciência no apoio ao desenvolvimento sustentável. É importante notar que uma das áreas programáticas deste capítulo é o desenvolvimento, aplicação e instituição das ferramentas necessárias para o desenvolvimento sustentável, incluindo-se a gestão de riscos como ferramenta tecnológica fundamental.

---

[13] Disponível em: https://dppa.un.org/sites/default/files/2020_erm_for_mya.pdf

Assim, ao menos desde a conferência Rio 92 e sua Agenda 21 que a percepção de riscos e a gestão de riscos estão intimamente ligadas com a abordagem dos objetos de proteção e fomento do desenvolvimento sustentável e também como ferramenta científica apropriada para a abordagem do desenvolvimento sustentável.

Como curso natural do processo de abordagem do desenvolvimento sustentável marca-se o ano de 2015 como instituidor de uma nova fase da sinergia intergovernamental para o estabelecimento de padrões mundiais e estabelecimento de agenda comum aos países.

Reunidos em Nova Iorque, os 193 chefes de Estado e de Governo e Altos Representantes escolheram, de 25 a 27 de setembro de 2015, o que chamaram de "novos Objetivos de Desenvolvimento Sustentável globais" (ONU, 2015a).

A chamada "Agenda 2030" constitui-se de 17 objetivos de Desenvolvimento Sustentável e 169 metas, construídas por meio de diálogos interativos.

Os Objetivos de Desenvolvimento Sustentável são:

Objetivo 1: Acabar com a *pobreza* em todas as suas formas, em todos os lugares. **Objetivo 2:** Acabar com a *fome*, alcançar a segurança alimentar e melhoria da nutrição e promover a *agricultura* sustentável. **Objetivo 3**: Assegurar uma *vida saudável* e promover o bem-estar para todos, em todas as idades. **Objetivo 4:** Assegurar a *educação* inclusiva e equitativa de qualidade, e promover oportunidades de aprendizagem ao longo da vida para todos. **Objetivo 5:** Alcançar a *igualdade de gênero* e empoderar todas as mulheres e meninas. **Objetivo 6**: Assegurar a disponibilidade e gestão sustentável da *água* e o *saneamento* para todos. **Objetivo 7:** Assegurar a todos o acesso confiável, sustentável, moderno e a preço acessível à *energia*. **Objetivo 8:** Promover o *crescimento econômico* sustentado, inclusivo e sustentável, emprego pleno e produtivo e *trabalho decente* para todos. **Objetivo 9:** Construir *infraestruturas* resilientes, promover a *industrialização* inclusiva e sustentável e fomentar a inovação. **Objetivo 10:** Reduzir a *desigualdade* dentro dos países e entre eles. **Objetivo 11:** Tornar as *cidades* e os assentamentos humanos inclusivos, seguros, resilientes e sustentáveis. *Objetivo 12:* Assegurar padrões de *produção e de consumo* sustentáveis. **Objetivo 13:** Tomar medidas urgentes para combater a mudança do *clima* e os seus impactos. **Objetivo 14:** Conservar e usar sustentavelmente os *oceanos*, os mares e os recursos marinhos para o desenvolvimento sustentável. **Objetivo 15:** Proteger, recuperar e promover o uso sustentável dos *ecossistemas terrestres*, gerir de forma sustentável as florestas, combater a desertificação, deter e reverter a degradação da terra e deter a perda de biodiversidade. **Objetivo 16:** Promover sociedades *pacíficas* e *inclusivas* para o desenvolvimento sustentável, proporcionar o acesso à *justiça* para todos e construir instituições eficazes, responsáveis e inclusivas em todos os níveis. **Objetivo 17:** Fortalecer os meios de implementação e revitalizar a *parceria global* para o desenvolvimento sustentável. (ONU, 2015, p. 15, grifo nosso).

Todos esses objetivos de desenvolvimento sustentável da agenda 2030 organizam e sistematizam diversas das afirmações encontradas na Declaração do Rio.

A abordagem dos 17 objetivos anteriormente transcritos indica que são uma resposta a diversos riscos civilizatórios que merecem urgente atenção por parte de todos os países. Equivale a dizer que, no primeiro nível do planejamento estratégico mundial contra os riscos civilizatórios identificados em conjunto pelos países, há o estabelecimento de diversas estratégias setoriais, erguidas na forma de macro-objetivos. Espera-se, naturalmente, que o atingimento dos macro-objetivos de desenvolvimento sustentável tenha o condão de permitir, a um só tempo, a melhoria das condições de vida para um grande número de pessoas, mas ao mesmo tempo a diminuição dos riscos civilizatórios trazidos por eventos de risco, como o aquecimento global, epidemias e pandemias, conflitos armados, poluição e outros.

No próprio documento denominado "Transformando o nosso mundo: Agenda 2030 para o desenvolvimento sustentável" (ONU, 2015a), pode-se entender a lógica geral da abordagem dos riscos que levaram ao estabelecimento dessa agenda. Basicamente, a declaração aponta que os maiores riscos à humanidade são a pobreza e a fome, seguidos da desigualdade (inclusive de gênero), ausência de paz, justiça e inclusão e degradação ambiental. A causa identificada para a existência, permanência e piora desses riscos é: ausência de desenvolvimento sustentável. O resultado da verificação desses riscos é o perigo civilizatório à própria humanidade e o atingimento do valor "dignidade da pessoa humana".

Os riscos globais foram assim sumarizados pela Agenda 2030:

Nosso mundo hoje
14. Encontramo-nos num momento de enormes **desafios** para o desenvolvimento sustentável. Bilhões de nossos cidadãos continuam a viver na **pobreza** e a eles é negada uma vida digna. Há crescentes **desigualdades** dentro dos países e entre os países. Há enormes **disparidades** de oportunidades, riqueza e poder. A **desigualdade** de **gênero** continua a ser um desafio chave. O desemprego, particularmente entre os jovens, é uma grande preocupação. **Ameaças globais à saúde**, **desastres naturais** mais frequentes e intensos, conflitos em ascensão, o extremismo violento,

o terrorismo e as crises humanitárias relacionadas e o deslocamento forçado de pessoas ameaçam reverter grande parte do progresso alcançado na área de desenvolvimento nas últimas décadas. O **esgotamento dos recursos naturais** e os impactos negativos da **degradação ambiental**, incluindo desertificação, secas, degradação dos solos, escassez de água doce e perda de biodiversidade aumentam e agravam a lista de desafios que a humanidade enfrenta. A mudança do **clima** é um dos maiores desafios do nosso tempo e seus efeitos adversos comprometem a capacidade de todos os países em alcançar o desenvolvimento sustentável. O aumento na temperatura global, a elevação do nível do mar, a acidificação dos oceanos e outros impactos da mudança do clima estão afetando seriamente as zonas costeiras e os países costeiros de baixa altitude, incluindo muitos países de menor desenvolvimento relativo e os pequenos Estados insulares em desenvolvimento. **A sobrevivência de muitas sociedades, bem como dos sistemas biológicos do planeta, está em risco.** (ONU, 2015, p. 4, grifo nosso).

Cada uma das situações de risco anteriormente identificadas nada mais é do que um produto de um grande e global processo de identificação e priorização de riscos globais levado à execução em um fórum mundial e representativo da maioria das nações mundiais.

Cada uma das 169 metas anunciadas na agenda 2030 são formas de tratamento dos riscos identificados pelo processo de identificação de riscos levado a cabo de forma coletiva e participativa.

Pode-se ver também, de forma geral, a Agenda 21 como tendo elegido como objetivo geral da humanidade o *atingimento de um desenvolvimento sustentável*. E como objetivos *específicos* aqueles representados pelas 169 metas.

É evidente, então, que os objetivos de desenvolvimento sustentável da Agenda 2030 é uma forma de abordagem dos riscos mundiais por meio da equalização de objetivos nacionais, regionais e locais, cujo resultado é o atingimento do desenvolvimento sustentável em todas as suas facetas, com a consequência de redução dos riscos globais↔locais a patamares aceitáveis.

2.2 A gestão de riscos como técnica instrumental do desenvolvimento sustentável

O documento "Transformando Nosso Mundo: a Agenda 2030 para o Desenvolvimento Sustentável" não define o que vem a ser "desenvolvimento sustentável". Aponta, no entanto, as três dimensões do desenvolvimento sustentável: a econômica, a social e a ambiental.

A formulação da Agenda 2030 parece indicar que haverá sustentabilidade no desenvolvimento apenas quando forem observados os 17 objetivos expressos na Agenda. Pode-se inferir, então, que a própria Agenda 2030 faz parte da definição estendida do que pode ser considerado, em nível global, nacional e local, um desenvolvimento qualificado como sustentável.

Não se pode olvidar, obviamente, da formulação intergeracional reforçada no Relatório Brundtland (ONU, 1987).

Entre os princípios gerais, direitos e responsabilidades declarados no Relatório Brundtland está o estabelecimento de que todos os seres humanos possuem direito fundamental a um ambiente adequado para sua saúde e bem-estar. Declara também a igualdade intergeracional, consistente na obrigação de que os estados devem conservar e usar o meio ambiente e os recursos naturais para o benefício das presentes e futuras gerações (ONU, 1987, p. 339).

O Relatório Brundtland aborda explicitamente a avaliação de riscos globais como uma das recomendações específicas para mudanças institucionais e legais:

O item 4.3 do tópico 4 (mudanças institucionais e legais) reza:

4.3 Avaliando riscos globais.
94. A capacidade de identificar, avaliar e reportar os riscos de danos irreversíveis aos sistemas naturais e ameaças à sobrevivência película segurança, e bem-estar na comunidade global precisa ser rapidamente reforçada e estendida. Os governos, individualmente ou coletivamente, tem a responsabilidade principal de assim fazer. O programa UNEP da Earthwatch deve ser o centro da liderança no sistema da ONU de avaliação de riscos.
95. No entanto, dada a natureza politicamente sensível de muitos dos riscos mais críticos, há também uma necessidade de uma capacidade independente, mas complementar, de avaliar e recortar riscos críticos globais. Um novo programa internacional para a cooperação entre organizações, em sua maioria não governamentais, corpos científicos, e grupos industriais deveria ser estabelecido para esse propósito.

Dessa forma, mesmo antes da Rio 92, a ONU já considerava a governança e gestão de riscos como *instrumento* e *elemento fundamental* na abordagem do tema sustentabilidade.

O Relatório Brundtland, tal como fez a Declaração do Rio, aborda a questão riscos de duas formas distintas: a) na identificação dos riscos nos objetos em cuja intervenção coordenada se faz necessária; b) como prática de técnica institucional para identificação, avaliação e reporte dos riscos identificados para a gestão dos recursos necessários à proteção dos objetivos e objetos contra os efeitos deletérios dos riscos.[14]

Em nível nacional, os objetivos de desenvolvimento sustentável servem para um propósito duplo, pelo menos. Primeiramente, servem para direcionar e inspirar as políticas públicas, provendo categorias de objetivos materiais compatíveis com um planejamento estratégico mundial diante dos riscos comuns. Outro propósito é prover um *benchmarking* real para a comparabilidade das ações empreendidas pelos países em comparação com outros países em situação igual, melhor ou pior.

Em nível local a utilidade dos objetivos de desenvolvimento sustentável é paralela: servem como inspiração de políticas públicas e de parâmetro de comparabilidade.

Em todos os níveis, a utilidade para a sensibilização na identificação, análise e tratamento de riscos sistêmicos globais☉locais é imensa.

Naturalmente, as metas e outros parâmetros precisam ser adaptados em nível nacional, regional ou local para que possam fazer sentido e se aproveitarem de dados produzidos de forma diferenciada.

Pode-se afirmar, portanto, que o processo de identificação de riscos levado a cabo pela Agenda 2030 serviu de inventário de riscos globais cujo tratamento, para ser efetivo, precisa ser levado a cabo pelos mais diversos níveis políticos e sociais.

Pode-se concluir igualmente que a ideia de avaliação e gestão de riscos está intimamente ligada ao conceito de desenvolvimento sustentável.

2.3 Competência municipal e abordagem de riscos relacionados à inclusão, segurança, resiliência e sustentabilidade nas cidades (ODS 11)

Vimos até aqui que há intensa conexão entre os riscos civilizatórios gerais identificados pelo processo levado a cabo em fórum mundial que produziu os Objetivos do Desenvolvimento Sustentável e os riscos

---

[14] Embora não esteja inserido primariamente no escopo deste trabalho, muito campo há para análise de conteúdo a partir dos documentos de estudo, discussões, reuniões e relatórios que levaram às enunciações de princípios realizadas por organismos internacionais, quanto à abordagem e sentido de risco no contexto de padrões de direcionamento de nível mundial. "A intenção da análise de conteúdo é a inferência de conhecimentos relativos às condições de produção (ou, eventualmente, de recepção), inferência esta que recorre a indicadores (quantitativos ou não)." (Bardin, 2016, p. 44).

em níveis de menor abrangência e maior impacto no que se refere à vida cotidiana das pessoas.

Todos os 17 Objetivos do Desenvolvimento Sustentável podem, de alguma forma, ser objeto de influência nas cidades e nos agrupamentos, ou assentamentos urbanos, assim como a maioria das 169 metas podem ter aspectos que poderão ser implementados no âmbito das cidades.

O objetivo 1, por exemplo, relacionado com a pobreza em todas as suas formas, possui aspectos que tangenciam a vida nas cidades. Pode-se falar em erradicar a pobreza nas cidades por meio da criação de programas e políticas específicas para municípios e regiões metropolitanas, proteção social no âmbito das cidades, acesso a recursos econômicos e propriedade e também uma série de outras metas relacionadas com resiliência. E assim pode ser feita a extensão às cidades dos objetivos e metas relacionadas com a fome (ODS 2), segurança alimentar, saúde (ODS 3), educação (ODS 4) e assim sucessivamente para todos os dezessete.

Todos os 17 objetivos do desenvolvimento sustentável se beneficiaram da sistemática de avaliação de riscos (a serem abordadas mais à frente neste trabalho).

O próprio conceito de governança (aqui também será mais bem explanado em momento posterior) exige que as considerações sobre os riscos relacionados aos objetivos fixados sejam abordadas de forma explícita e que sejam levadas em consideração no estabelecimento de outras estratégias.

Acontece que a Agenda 2030 erigiu um objetivo específico para as cidades e os assentamentos humanos: *Objetivo 11. Tornar as cidades e os assentamentos humanos inclusivos, seguros, resilientes e sustentáveis.*

O ODS 11 é o único dos objetivos elencados na Agenda 2030 que possui delimitações geográficas definidas: assentamentos humanos e cidades. É nítida a diferenciação que se faz entre as estruturas de agrupamentos humanos organizadas e maiores (cidades) daquelas menores e menos estruturadas (assentamentos humanos). Tal diferenciação é importante porque a abordagem de desenvolvimento da inclusão, segurança, resiliência e sustentabilidade é diferente quando tratar de cidades ou de assentamentos humanos menores. Também há diferenciação estratégica quando o objeto dos objetivos for urbano ou rural. A realidade dos ajuntamentos humanos torna complexa a fixação de objetivos, as estratégias, as metas e os indicadores.

A delimitação geográfica desse objetivo possui algumas vantagens. Entre elas está uma melhor governabilidade das ações e políticas a serem implementadas para atingimento do objetivo e das metas; permite também a geração de dados mais próximos do local da aferição das situações medidas, bem como uma melhor comparabilidade entre localidades com situações semelhantes.

Além de ter uma delimitação geográfica, o Objetivo 11 foca objetivos com impacto direto na vida da população local: inclusão, segurança, resiliência e na própria sustentabilidade.

Assim foram definidas as metas do Objetivo 11 da Agenda 2030:

11.1 até 2030, garantir o acesso de todos a **habitação** adequada, segura e a preço acessível, e aos serviços básicos, bem como assegurar o melhoramento das favelas.

11.2 até 2030, proporcionar o acesso a sistemas de **transporte** seguros, acessíveis, sustentáveis e a preço acessível para todos, melhorando a segurança rodoviária por meio da expansão dos transportes públicos, com especial atenção para as necessidades das pessoas em situação de vulnerabilidade, mulheres, crianças, pessoas com deficiência e idosos

11.3 até 2030, aumentar a urbanização **inclusiva** e **sustentável**, e a capacidade para o planejamento e a **gestão participativa**, integrada e sustentável dos assentamentos humanos, em todos os países.

11.4 fortalecer esforços para proteger e salvaguardar o **patrimônio cultural e natural** do mundo.

11.5 até 2030, reduzir significativamente o número de mortes e o número de pessoas afetadas por **catástrofes** e diminuir substancialmente as perdas econômicas diretas causadas por elas em relação ao produto interno bruto global, incluindo os desastres relacionados à *água*, com o foco em proteger os pobres e as pessoas em situação de vulnerabilidade

11.6 até 2030, reduzir o **impacto ambiental negativo** *per capita* das cidades, inclusive prestando especial atenção à qualidade do *ar*, gestão de *resíduos* municipais e outros.

11.7 até 2030, proporcionar o acesso universal a **espaços públicos seguros**, inclusivos, acessíveis e verdes, em particular para as mulheres e crianças, pessoas idosas e pessoas com deficiência.

11.a apoiar **relações** econômicas, sociais e ambientais positivas entre áreas urbanas, periurbanas e rurais, reforçando o **planejamento** nacional e regional de desenvolvimento.

11.b até 2020, aumentar substancialmente o número de cidades e assentamentos humanos adotando e implementando **políticas e planos** integrados para a **inclusão**, a eficiência dos recursos, mitigação e adaptação à **mudança do clima**, a **resiliência** a desastres; e desenvolver e implementar, de acordo com o Marco de Sendai para a Redução do Risco de Desastres 2015 2030, o gerenciamento holístico do risco de desastres em todos os níveis.

11.c **apoiar os países menos desenvolvidos**, inclusive por meio de assistência técnica e financeira, para construções sustentáveis e resilientes, utilizando materiais locais. (ONU, 2015, p. 25, grifo nosso).

Para um melhor entendimento dos Objetivos do Desenvolvimento Sustentável 11, é necessária uma decomposição dos objetivos e metas individuais inclusos na fraseologia utilizada para a redação do objetivo e das metas. Esse exercício é revelador, pois percebe-se que o *caput* do ODS 11 não é monolítico. É composto de 8 subobjetivos:

Tabela 2 – Decomposição dos objetivos do ODS 11

ODS 11	
Sequência	Objetivo decomposto
1	Tornar as cidades inclusivas
2	Tornar as cidades seguras
3	Tornar as cidades resilientes
4	Tornar as cidades sustentáveis
5	Tornar os assentamentos humanos inclusivos
6	Tornar os assentamentos humanos seguros
7	Tornar os assentamentos humanos resilientes
8	Tornar os assentamentos humanos sustentáveis

Fonte: Elaborada pelo autor (2024)

Decompor os objetivos é importante porque pode revelar características e estratégias próprias de cada conjunto de palavras e sentido, expondo toda a inter-relação e complexidade. Certamente a abordagem para tornar as cidades inclusivas não será a mesma de tornar um assentamento humano melhor inclusivo, visto que há enormes diferenças de política pública, recursos, organização, estratégia e muitas outras diferenças envolvidas no aspecto de inclusão de uma cidade e de grupos humanos menores classificados como assentamento humano.

Por sua vez, os riscos associados aos objetivos também podem ser revelados quando há uma correta decomposição dos objetivos. Os riscos que os governos e sociedade civil enfrentam para tornar as cidades inclusivas certamente serão diversos daqueles que se enfrentam para tornar os assentamentos humanos menores inclusivos. O mesmo se pode dizer quanto aos riscos associados ao objetivo de tornar cidades e assentamentos seguros, resilientes e sustentáveis.

As metas que compõem o Objetivo 11 podem ser decompostas em nada menos do que 55 metas relativamente independentes. Apenas 4 dessas metas não possuem datas associadas. Das 55 metas, 8 possuem instruções ou qualificações dos meios a serem empregados no atingimento da meta.

Tabela 3 – Decomposição das metas do ODS 11

(continua)

		Decomposição analítica das metas do ODS 11		
Item	Obj. preponderante	Meta	Prazo de aferição	Meio/Qualificação
11.1 (a)	Sustentabilidade	Garantir o acesso de todos a habitação adequada	2030	
11.1 (b)	Segurança	Garantir o acesso de todos a habitação segura	2030	
11.1 (c)	Acessibilidade	Garantir o acesso de todos a habitação a preço acessível	2030	
11.1 (d)	Sustentabilidade	Garantir o acesso de todos a habitação com serviços básicos	2030	
11.1 (e)	Sustentabilidade	Assegurar o melhoramento das favelas	2030	
11.2 (a)	Segurança	Proporcionar o acesso a sistemas de transporte seguros	2030	Melhorando a segurança rodoviária por meio da expansão dos transportes públicos
11.2 (b)	Acessibilidade	Proporcionar o acesso a sistemas de transporte acessíveis	2030	Especial atenção para as necessidades das pessoas em situação de vulnerabilidade, mulheres, crianças, pessoas com deficiência e idosos
11.2 (c)	Sustentabilidade	Proporcionar o acesso a sistemas de transporte sustentáveis	2030	
11.2 (d)	Inclusão	Proporcionar o acesso a sistemas de transporte a preço acessível para todos	2030	

(continua)

Decomposição analítica das metas do ODS 11

Item	Obj. preponderarte	Meta	Prazo de aferição	Meio/Qualificação
11.3(a)	Inclusão	Aumentar a urbanização inclusiva	2030	
11.3(b)	Sustentabilidade	Aumentar a urbanização sustentável	2030	
11.3(c)	Sustentabilidade	Aumentar as capacidades para o planejamento	2030	
11.3(d)	Sustentabilidade	Aumentar as capacidades para gestão de assentamentos humanos participativos	2030	
11.3(e)	Sustentabilidade	Aumentar as capacidades para o planejamento e gestão de assentamentos humanos integrados	2030	
11.3(f)	Sustentabilidade	Aumentar as capacidades para o planejamento e gestão de assentamentos humanos sustentáveis	2030	
11.4(a)	Inclusão	Fortalecer esforços para proteger e salvaguardar o patrimônio cultural do mundo		
11.4(b)	Sustentabilidade	Fortalecer esforços para proteger e salvaguardar o patrimônio natural do mundo		
11.5(a)	Resiliência	Reduzir significativamente o número de mortes por catástrofes	2030	
11.5(b)	Resiliência	Reduzir significativamente o número de pessoas afetadas por catástrofes	2030	Incluindo os desastres relacionados à água; foco em proteger os pobres e as pessoas em situação de vulnerabilidade

Decomposição analítica das metas do ODS 11

(continua)

Item	Obj. preponderante	Meta	Prazo de aferição	Meio/Qualificação
11.5(c)	Resiliência	Substancialmente diminuir as perdas econômicas diretas causadas por catástrofes em relação ao produto interno bruto global	2030	Incluindo os desastres relacionados à água; foco em proteger os pobres e as pessoas em situação de vulnerabilidade
11.6(a)	Sustentabilidade	Reduzir o impacto ambiental negativo *per capita* das cidades (geral)	2030	
11.6(b)	Sustentabilidade	Reduzir o impacto ambiental negativo *per capita* das cidades prestando especial atenção à qualidade do ar	2030	Qualidade do ar
11.6(c)	Sustentabilidade	Reduzir o impacto ambiental negativo *per capita* das cidades prestando especial atenção à gestão de resíduos municipais	2030	Resíduos municipais
11.7(a)	Segurança	Proporcionar o acesso universal a espaços públicos seguros para mulheres	2030	
11.7(b)	Segurança	Proporcionar o acesso universal a espaços públicos seguros para crianças	2030	
11.7(c)	Segurança	Proporcionar o acesso universal a espaços públicos seguros para pessoas idosas	2030	
11.7(d)	Segurança	Proporcionar o acesso universal a espaços públicos seguros para pessoas com deficiência	2030	

(continua)

Decomposição analítica das metas do ODS 11

Item	Obj. preponderante	Meta	Prazo de aferição	Meio/Qualificação
11.7(e)	Inclusão	Proporcionar o acesso universal a espaços públicos inclusivos para mulheres	2030	
11.7(f)	Inclusão	Proporcionar o acesso universal a espaços públicos inclusivos para crianças	2030	
11.7(g)	Inclusão	Proporcionar o acesso universal a espaços públicos inclusivos para pessoas idosas	2030	
11.7(h)	Inclusão	Proporcionar o acesso universal a espaços públicos inclusivos para pessoas com deficiência	2030	
11.7(i)	Acessibilidade	Proporcionar o acesso universal a espaços públicos acessíveis para mulheres	2030	
11.7(j)	Acessibilidade	Proporcionar o acesso universal a espaços públicos acessíveis para crianças	2030	
11.7(l)	Acessibilidade	Proporcionar o acesso universal a espaços públicos acessíveis para pessoas idosas	2030	
11.7(m)	Acessibilidade	Proporcionar o acesso universal a espaços públicos acessíveis para pessoas com deficiência	2030	
11.7(n)	Sustentabilidade	Proporcionar o acesso universal a espaços públicos verdes para mulheres	2030	

Decomposição analítica das metas do ODS 11

(continua)

Item	Obj. preponderante	Meta	Prazo de aferição	Meio/Qualificação
11.7(o)	Sustentabilidade	Proporcionar o acesso universal a espaços públicos verdes para crianças	2030	
11.7(p)	Sustentabilidade	Proporcionar o acesso universal a espaços públicos verdes para pessoas idosas	2030	
11.7(q)	Sustentabilidade	Proporcionar o acesso universal a espaços públicos verdes para pessoas com deficiência	2030	
11.a(a)	Sustentabilidade	Apoiar relações econômicas entre áreas urbanas, periurbanas e rurais	2030	
11.a(b)	Sustentabilidade	Apoiar relações sociais entre áreas urbanas, periurbanas e rurais	2030	
11.a(c)	Sustentabilidade	Apoiar relações ambientais entre áreas urbanas, periurbanas e rurais	2030	
11.b(a)	Inclusão	Aumentar substancialmente o número de cidades e assentamentos humanos adotando e implementando políticas integradas para a inclusão	2020	
11.b(a)	Inclusão	Aumentar substancialmente o número de cidades e assentamentos humanos adotando e implementando políticas integradas para a eficiência dos recursos	2020	
11.b(a)	Resiliência	Aumentar substancialmente o número de cidades adotando e implementando políticas integradas para a mitigação à mudança de clima	2020	

(continua)

Decomposição analítica das metas do ODS 11

Item	Obj. preponderante	Meta	Prazo de aferição	Meio/Qualificação
11.b(a)	Resiliência	Aumentar substancialmente o número de cidades adotando e implementando políticas integradas para a adaptação às mudanças climáticas	2020	
11.b(a)	Resiliência	Aumentar substancialmente o número de cidades adotando e implementando políticas integradas para a resiliência a desastres	2020	
11.b(a)	Inclusão	Aumentar substancialmente o número de assentamentos humanos adotando e implementando planos integrados para a inclusão	2020	
11.b(a)	Sustentabilidade	Aumentar substancialmente o número de assentamentos humanos adotando e implementando planos integrados para a eficiência dos recursos	2020	
11.b(a)	Resiliência	Aumentar substancialmente o número de assentamentos humanos adotando e implementando planos integrados para a adaptação às mudanças climáticas	2020	

(conclusão)

Decomposição analítica das metas do ODS 11

Item	Obj. preponderante	Meta	Prazo de aferição	Meio/Qualificação
11.b(a)	Resiliência	Aumentar substancialmente o número de assentamentos humanos adotando e implementando planos integrados para a resiliência a desastres	2020	
11.b(a)	Resiliência	Desenvolver, de acordo com o Marco de Sendai para a Redução do Risco de Desastres 2015-2030, o gerenciamento holístico do risco de desastres em todos os níveis	2020	
11.b(a)	Resiliência	Implementar, de acordo com o Marco de Sendai para a Redução do Risco de Desastres 2015-2030, o gerenciamento holístico do risco de desastres em todos os níveis	2020	
11.c(a)	Sustentabilidade	Apoiar os países menos desenvolvidos para construções sustentáveis		Por meio de assistência técnica e financeira; utilizando materiais locais
11.c(b)	Resiliência	Apoiar os países menos desenvolvidos para construções resilientes		Por meio de assistência técnica e financeira; utilizando materiais locais
55			4	8

Fonte: Elaborado pelo autor (2024)

A classificação aqui tabelada resulta na seguinte divisão por macro-objetivo preponderante das metas do ODS 11:

Tabela 4 – Quantidade de metas por macro-objetivo preponderante

Macro-objetivo Preponderante	Quantidade de Metas
Acessibilidade	6
Inclusão	10
Resiliência	11
Segurança	6
Sustentabilidade	22

Fonte: Elaborada pelo autor (2024)

Apenas a título de ilustração, se fossem identificados apenas três dos principais riscos que possuem o condão de dificultar ou impedir o alcance das metas apenas do ODS 11, estaríamos falando de 165 eventos de risco. Há, obviamente, muito mais do que esta quantidade de riscos envolvida neste objetivo e em seus desdobramentos, e isso sem falar no relacionamento dos ODS com outros objetivos.

Cite-se, por exemplo, o Objetivo 17, "Fortalecer os meios de implementação e revitalizar a parceria global para o desenvolvimento sustentável". As 19 metas do Objetivo 17 podem ser combinadas com cada objetivo da Agenda 2030, criando inúmeras ações e objetivos relacionados dessa combinação.

O atingimento de metas é mais bem realizado se houver indicadores apropriados que demonstrem de alguma forma o resultado das ações que operam para o atingimento do objetivo.

O Instituto de Pesquisa Econômica Aplicada (Ipea), fundação pública federal vinculada ao Ministério da Economia, possui painel de repositório de indicadores e metas relacionados aos Objetivos de Desenvolvimento Sustentável adaptados à realidade brasileira (IPEA, 2018).

As cidades são os núcleos densamente habitados e organizados (parte urbana, em contraposição à parte rural) que, no Brasil, fazem parte da área territorial e da circunscrição administrativa de municípios que, por sua vez, são divisões político-administrativas com autonomia. Ao lado dos Estados e da União, que possuem abrangência territorial sucessivamente sobreposta ao município, os municípios compõem a República Federativa do Brasil (art. 18 da Constituição Federal de 1988).

A Constituição brasileira vigente estabeleceu competências comuns[15] entre a União, Estados, Distrito Federal e Municípios, que

---

[15] "'Competência comum' significa que cada um de seus titulares pode cumpri-la, por si, sem interferência dos demais. O que existe é um ideal de colaboração entre as pessoas ad-

estão expressas no artigo 23 de seu texto. Acha-se entre as competências comuns aos entes federativos a maioria das metas do ODS 11, que é "o tornar as cidades e os assentamentos humanos inclusivos, seguros, resilientes e sustentáveis". Entender essa correspondência é importante para que sejam medidas e avaliadas a substância dos objetivos e as metas dentro do escopo daquilo que o município já precisa perseguir por mandamento constitucional. Esclarecer essa correspondência entre os ODS e a competência comuns aos entes torna a inclusão dos Objetivos de Desenvolvimento Sustentável muito mais "natural" para o administrador municipal, combatendo a ideia, a nosso ver errônea, de que os ODS seriam acréscimos muito mais avançados e dificultosos do que o que a própria Constituição já estabelece.

Analisemos agora cada uma das competências comuns listadas no art. 23 da Constituição Federal de 1988 e verifiquemos como são expressos nas metas do ODS 11:

2.3.1 Competência comum: zelar pela guarda da Constituição, das leis e das instituições democráticas e conservar o patrimônio público (I)

O zelo pelo ordenamento jurídico da nação é mandamento genérico relacionado com o próprio Estado Democrático de Direito e envolve uma infindável quantidade de obrigações para os entes federados.

De especial interesse aqui é a obrigação comum de conservação do patrimônio público, relacionada com o ODS 11.4 (fortalecer esforços para proteger e salvaguardar o patrimônio cultural e natural do mundo). Certamente o patrimônio público abrange aqueles naturais como também os culturais, e, por mandamento constitucional, os municípios brasileiros já possuem a incumbência de preservá-los.

O patrimônio público é exposto a riscos de toda sorte: destruição, deterioração, malversação, etc. Esse objetivo comum possui grande necessidade de gestão de riscos.

---

ministrativas, mas todas exercem a competência comum sem supremacia de uma sobre as outras, observando o regime jurídico estabelecido pela competência legislativa outorgada, para cada caso, pela Constituição." (Silva, 2010, p. 381).

2.3.2 Competência comum: cuidar da saúde e assistência pública, da proteção e garantia das pessoas portadoras de deficiência (II)

A saúde, de modo geral, é abordada no ODS 3 (assegurar uma vida saudável e promover o bem-estar para todos, em todas as idades). Nacionalmente, é levada a cabo por meio do Sistema Único de Saúde, sendo que o município é parte integrante desse grande sistema de seguridade social.

Especificamente quanto ao ODS 11, o objetivo 11.7 refere-se à meta de garantir acesso a espaços públicos "seguros, inclusivos, acessíveis e verdes" especialmente para pessoas idosas e pessoas com deficiência. O ODS 11.7 abrange especialmente os espaços públicos, que devem ser qualificados com acessibilidade, inclusão, segurança e saúde ambiental (verde).

2.3.3 Competências comuns: proteger os documentos, as obras e outros bens de valor histórico, artístico e cultural, os monumentos, as paisagens naturais notáveis e os sítios arqueológicos (III); e impedir a evasão, a destruição e a descaracterização de obras de arte e de outros bens de valor histórico, artístico ou cultural (IV)

Essas competências comuns estão relacionadas diretamente com a meta 11.4, que consiste em "fortalecer esforços para proteger e salvaguardar o patrimônio cultural e natural do mundo". Em última análise, os patrimônios cultural e natural são localizados nos municípios, e estes possuem a possibilidade ímpar de estabelecer sua proteção por meio de gestão dos riscos que possam afetar o patrimônio cultural e natural.

2.3.4 Competência comum: proporcionar os meios de acesso à cultura, à educação, à ciência, à tecnologia, à pesquisa e à inovação (V)

Esses objetivos estão incluídos em outros ODS, como o objetivo 4 (assegurar a educação inclusiva e equitativa de qualidade e promover oportunidades de aprendizagem ao longo da vida para todos), que abrangem metas sobre a educação e cultura; e o objetivo 8 (8.9, turismo como promotor da cultura local). O objetivo 17 possui tópico inteiramente destinado à tecnologia, ciência e inovação.

2.3.5 Competências comuns: proteger o meio ambiente e combater a poluição em qualquer de suas formas (VI) e preservar as florestas, a fauna e a flora (VII)

O meio ambiente possui várias menções no ODS 11. Entre elas:

- Apoiar relações ambientais entre áreas urbanas, periurbanas e rurais.
- Reduzir o impacto ambiental negativo *per capita* das cidades (geral).
- Reduzir o impacto ambiental negativo *per capita* das cidades prestando especial atenção à qualidade do ar.
- Reduzir o impacto ambiental negativo *per capita* das cidades prestando especial atenção à gestão de resíduos municipais.

2.3.6 Competência comum: a produção agropecuária e organizar o abastecimento alimentar (VIII)

Esta competência comum está relacionada principalmente com o Objetivo 2. Acabar com a fome, alcançar a segurança alimentar e melhoria da nutrição e promover a agricultura sustentável.

2.3.7 Competência comum: promover programas de construção de moradias e a melhoria das condições habitacionais e de saneamento básico (IX)

Esta competência comum está relacionada com as seguintes metas do ODS 11:

- Assegurar o melhoramento das favelas.
- Garantir o acesso de todos a habitação a preço acessível.
- Garantir o acesso de todos a habitação com serviços básicos.
- Apoiar os países menos desenvolvidos para construções resilientes.
- Garantir o acesso de todos a habitação segura.

- Apoiar os países menos desenvolvidos para construções sustentáveis.
- Garantir o acesso de todos a habitação adequada.

2.3.8 Competência comum: combater as causas da pobreza e os fatores de marginalização, promovendo a integração social dos setores desfavorecidos (X)

Este objetivo é o primeiro e principal dos Objetivos de Desenvolvimento Sustentável da ONU: Objetivo 1. Acabar com a pobreza em todas as suas formas, em todos os lugares. É multifacetado, complexo, perene e contínuo.

2.3.9 Competência comum: registrar, acompanhar e fiscalizar as concessões de direitos de pesquisa e exploração de recursos hídricos e minerais em seus territórios (XI)

É clara a preocupação dos ODS com os recursos naturais, principalmente os hídricos. A meta 11.b refere-se a políticas integradas para melhorar a eficiência dos recursos. A característica de "integração" está constantemente presente nos ODS, e pesquisa mais abrangente precisa ser feita para a dissecação de seus contornos. A Meta 11.b objetiva "aumentar substancialmente o número de cidades adotando e implementando políticas integradas para a eficiência dos recursos; aumentar substancialmente o número de assentamentos humanos adotando e implementando planos integrados para a eficiência dos recursos".

2.3.10 Competência comum: estabelecer e implantar política de educação para a segurança do trânsito (XII)

Esta competência municipal comum aos entes está expressa na Meta 11.2 do ODS 11, expressa no sentido de "proporcionar o acesso a sistemas de transporte seguros". A segurança, conforme referenciado em outra parte deste trabalho, é conceito que engloba incolumidade do indivíduo ou grupo em vários sentidos e dimensões, mas certamente inclui a dimensão física indispensável à preservação da saúde e integridade física.

2.3.11 Cooperação e integração entre os entes

No que se refere ao atingimento das competências comuns, a Constituição Federal, no parágrafo do art. 23, remete a "leis complementares" que deverão fixar "normas para a cooperação entre a União e os Estados, o Distrito Federal e os Municípios, tendo em vista o equilíbrio do desenvolvimento e do bem-estar em âmbito nacional".

O ODS 11, em várias de suas metas, utiliza a expressão "planos integrados" para referir-se aos planos de gestão em vários objetivos, como de inclusão, de resiliência e de sustentabilidade.

O objetivo 17 aborda a parceria global necessária ao desenvolvimento sustentável: parcerias financeiras, tecnológicas, comerciais, de desenvolvimento de capacidades e entre setores produtivos.

Na organização da federação brasileira, a cooperação entre os entes federados é de vital importância para o pretendido "equilíbrio do desenvolvimento", o que nada mais é do que o desenvolvimento sustentável.

Constata-se, então, que o ODS 11 e suas metas estão contidos, em sua maioria, nas competências comuns aos entes federados brasileiros, principalmente na dos municípios, dada a concretude de sua competência local.

Tais competências comuns são reforçadas pela competência exclusiva dos municípios, inclusive sobre a legislação sobre assuntos de interesse local, a suplementação da legislação federal e estadual, o ordenamento urbano, serviços públicos locais e outros daí derivados. (art. 30 da Constituição Federal de 1988).

Os municípios precisam aproveitar as metas mais elaboradas dos ODS, principalmente do ODS 11, para melhorar suas políticas, projetos e programas, aproveitando-se também de todo o conhecimento e *benchmarking* gerado pela definição comum de objetivos globais, inclusive quanto à gestão dos riscos associados aos objetivos. Reside nessa padronização e intercâmbio de experiências um dos principais valores de uma iniciativa de definições globais de objetivos e metas.

Se os Objetivos do Desenvolvimento Sustentável forem apresentados aos municípios como pesadas cargas adicionais na disputa de recursos cada vez mais escassos e drenados por entes de abrangência territorial maior, dificilmente haverá comprometimento e coordenação de ações municipais compatíveis com a linguagem dos ODS. Contudo, se houver esforço no sentido de apresentar aos municípios os ODS como aperfeiçoamento, organização e medição de ações que os municípios, em maior ou menor grau, já tomam ou deveriam tomar, haverá muito mais aceitação desses padrões.

2.4 Inclusão, segurança, resiliência e sustentabilidade: objetivos locais sob proteção da gestão de riscos

O entendimento correto dos objetivos é fator fundamental para uma abordagem eficaz de riscos. Com isso em mente, é salutar que se discorra um pouco mais sobre os objetivos do ODS 11 e seu relacionamento com a abordagem de riscos.

2.4.1 Inclusão

Inclusão social é objetivo expresso, mesmo que em formulações diferentes, em vários momentos na própria Constituição Federal de 1988. Está indiretamente listada entre os objetivos fundamentais da República Federativa do Brasil (art. 3º) no sentido de que a nação perseguirá uma sociedade livre, justa e solidária e erradicará a pobreza e a marginalização, reduzindo desigualdades sociais, promovendo o bem de todos, sem preconceito.

A inclusão social é expressa também na Agenda 2030 (ONU, 2015a), no sentido de que a Resolução das Nações é "acabar com a pobreza e a fome, em todas as suas formas e dimensões, e garantir que todos os seres humanos possam realizar o seu potencial em matéria de dignidade e igualdade, em um ambiente saudável".

Assim, a realização do potencial humano deve ser atingida sem que quaisquer causas externas (pobreza, marginalização, desigualdade ou preconceito) possam injustamente impedi-lo. A noção de inclusão é frequentemente ligada às vulnerabilidades, sendo que exige ação positiva de reequilíbrio dos meios de acesso aos serviços e produtos sociais a que cidadãos plenos têm acesso.

A inclusão é referida em vários momentos na Agenda 2030 e permeia a maioria dos Objetivos e Metas do desenvolvimento sustentável. O Objetivo 4 é definido como "Assegurar a educação inclusiva e equitativa de qualidade, e promover oportunidades de aprendizagem ao longo da vida para todos". O Objetivo 8 abrange "Promover o crescimento econômico sustentado, inclusivo e sustentável, emprego pleno e produtivo e trabalho decente para todos". O Objetivo 9 chama a atenção para a industrialização inclusiva. O Objetivo 11 almeja que se tornem as cidades "e os assentamentos humanos inclusivos, seguros, resilientes e sustentáveis", sendo que o Objetivo 16 quer sociedades pacíficas e inclusivas, com acesso à justiça.

O valor "inclusão", portanto, permeia os Objetivos de Desenvolvimento Sustentável de modo amplo e abrangente e significa que os indivíduos com algum tipo de limitação de ordem física, social ou qualquer outra devem obter primazia na formulação de políticas e ações públicas e privadas para que sejam incluídos no âmbito de proteção e não venham a sofrer limitação injusta em sua personalidade e potencial.

As metas do ODS 11, por exemplo, expressamente abordam a acessibilidade em espaços públicos (4 metas), a acessibilidade no transporte (1), a inclusão em espaços públicos (4), a inclusão na gestão (3), na habitação (3), no transporte (1), na urbanização (1) e no patrimônio público (1).

2.4.2 Segurança

A segurança nas cidades abrange vários aspectos. Mencionada já no *caput* da Constituição Federal de 1988, "segurança" é repetida diversas vezes no texto constitucional relacionada a vários contextos, como segurança do território, segurança do trabalho, trânsito, jurídica e segurança pública policial. Pode-se generalizar, portanto, o valor segurança para significar ausência de ameaças (ou diminuição da probabilidade de eventos de risco) advindas de situações não normais e aceitas pelos cidadãos.

No ODS 11 da Agenda 2030, a segurança é referida em conjunto com a habitação (habitação segura), com o transporte (acesso a sistemas de transporte seguros), com espaços públicos (proporcionar acesso universal a espaços públicos seguros para mulheres, crianças, pessoas idosas e pessoas com deficiência).

Os riscos associados à habitação envolvem certamente a existência de habitações de baixa qualidade, expostas a agentes patogênicos e com falta de saneamento básico, áreas com risco de enchente e desabamento, além de maior exposição a riscos de desastres naturais.

A segurança pública envolve o controle à exposição da criminalidade. A segurança no trânsito envolve uma menor exposição a acidentes e o respeito às regras de convivência harmônica no trânsito.

O ponto é que o fator segurança está fortemente relacionado com a gestão de riscos, visto que os riscos estão ligados à própria definição de segurança. A gestão de riscos em âmbito municipal é de extrema importância para a garantia de segurança em suas diversas dimensões.

2.4.3 Resiliência

Segundo a Organização das Nações Unidas (2016), resiliência é a habilidade de um sistema, comunidade ou sociedade, quando expostos a catástrofes, resistir, absorver, acomodar, adaptar-se, transformar-se e recuperar-se dos efeitos de um desastre de uma maneira tempestiva e eficiente, incluindo a preservação e restauração de suas estruturas e funções básicas mediante a gestão de riscos.

O risco de eventos desastrosos gerais a uma comunidade, cidade ou país está, portanto, no centro da definição de resiliência. O próprio objeto deste objetivo é a gestão de riscos em si, o que o torna bastante representativo da forma de gestão de riscos locais e regionais. Os eventos de risco combatidos pelas ações de resiliência são eventos de risco genéricos, que, pela sua amplitude e gravidade, podem afetar uma grande gama de outras atividades humanas, e não estão relacionados especificamente com outros objetivos, sendo essa a sua principal diferenciação das abordagens de risco relacionadas com objetivos nacionais, regionais, locais ou institucionais específicos. A noção de "perigo" é mais bem definida como evento físico, fenômeno ou atividade humana potencialmente prejudicial que pode causar a perda de vidas humanas ou ferimentos, danos à propriedade, ruptura social e econômica ou degradação ambiental. Os perigos incluem condições latentes que podem representar ameaças futuras e podem ter diferentes origens: naturais (geológicas, hidrometeorológicas e biológicas) ou induzidas por processos humanos (degradação ambiental e perigos tecnológicos). (Organização das Nações Unidas, 2015).

Assim, a comunidade de nações passou a organizar maneiras de padronizar a forma e o conteúdo das respostas aos eventos de risco causados por desastres. Um dos mais consistentes *frameworks* foi o Marco de Ação de Hyogo (ONU, 2005), adotado na Conferência Mundial sobre Redução de Desastres realizada em janeiro de 2005 em Kobe, Hyogo, Japão. O objetivo do referencial foi promover uma aproximação estratégica e sistemática para a redução de vulnerabilidade e riscos de danos. Precedida, por sua vez, pela estratégia de Yokohama para um Mundo mais Seguro (1994), a iniciativa serviu de um aperfeiçoamento e alargamento das iniciativas até então tomadas, com melhoria no conhecimento de governança, gestão de riscos e respostas coordenadas aos desastres.

Com o exaurimento das iniciativas do Marco de Ação de Hyogo, surgiu um dos mais importantes *frameworks* produzidos pela ONU na questão da resiliência, o "Quadro de Sendai para Redução do Risco de

Desastres 2015-2030" (ONU, 2015b), adotado na Terceira Conferência Mundial sobre a Redução do Risco de Desastres, realizada em março de 2015, na cidade de Sendai, Miyagi, no Japão.

O Quadro de Sendai estabelece sete metas globais relacionadas à resiliência a desastres:

> As sete metas globais são:
> (a) Reduzir substancialmente a mortalidade global por desastres até 2030, com o objetivo de reduzir a média de mortalidade global por 100.000 habitantes entre 2020-2030, em comparação com 2005-2015.
> (b) Reduzir substancialmente o número de pessoas afetadas em todo o mundo até 2030, com o objetivo de reduzir a média global por 100.000 habitantes entre 2020-2030, em comparação com 2005-2015.
> (c) Reduzir as perdas econômicas diretas por desastres em relação ao produto interno bruto (PIB) global até 2030.
> (d) Reduzir substancialmente os danos causados por desastres em infraestrutura básica e a interrupção de serviços básicos, como unidades de saúde e educação, inclusive por meio do aumento de sua resiliência até 2030.
> (e) Aumentar substancialmente o número de países com estratégias nacionais e locais de redução do risco de desastres até 2020.
> (f) Intensificar substancialmente a cooperação internacional com os países em desenvolvimento por meio de apoio adequado e sustentável para complementar suas ações nacionais para a implementação deste quadro até 2030.
> (g) Aumentar substancialmente a disponibilidade e o acesso a sistemas de alerta precoce para vários perigos e as informações e avaliações sobre o risco de desastres para o povo até 2030.

Deve-se anotar que, naturalmente, há uma interconexão entre os objetivos e metas do Quadro Sendai com os Objetivos de Desenvolvimento Sustentável, conforme demonstra o quadro a seguir:

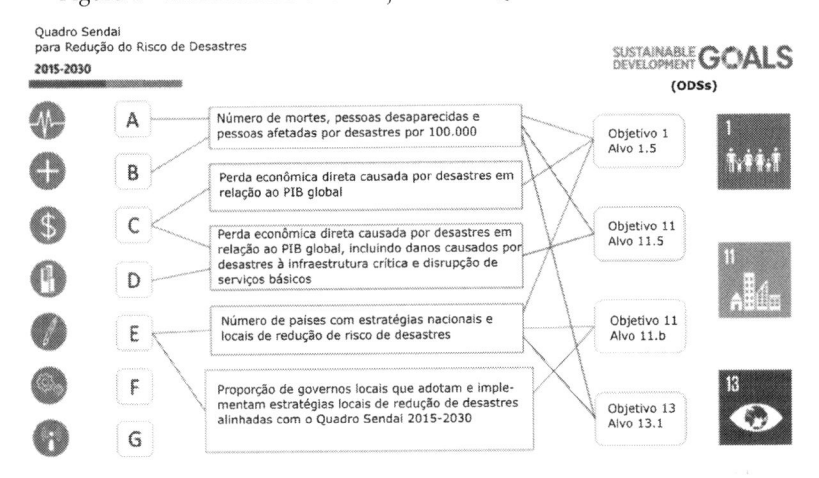

Figura 1 – Interconexão entre objetivos do Quadro Sendai e dos ODS

Quadro Sendai		
A	Número de mortes, pessoas desaparecidas e pessoas afetadas por desastres por 100.000	Objetivo 1 / Alvo 1.5
B	Perda econômica direta causada por desastres em relação ao PIB global	
C	Perda econômica direta causada por desastres em relação ao PIB global, incluindo danos causados por desastres à infraestrutura crítica e disrupção de serviços básicos	Objetivo 11 / Alvo 11.5
D		
E	Número de países com estratégias nacionais e locais de redução de risco de desastres	Objetivo 11 / Alvo 11.b
F	Proporção de governos locais que adotam e implementam estratégias locais de redução de desastres alinhadas com o Quadro Sendai 2015-2030	Objetivo 13 / Alvo 13.1
G		

Fonte: PREVENTIONWEB, 2022, tradução nossa. Disponível em: https://www.preventionweb.net/sendai-framework/Integrated%20monitoring%20of%20the%20global%20targets%20of%20the%20Sendai%20Framework%20and%20the%20Sustainable%20Development%20Goals. Acesso em: 14 jan. 2022.

Assim, as metas do Quadro Sendai e do ODS 11 são complementares, sendo que o atendimento de uma implica o aprofundamento do atendimento da outra.

A Organização das Nações Unidas possui em sua estrutura o "Escritório das Nações Unidas para Redução de Riscos de Desastres (UNDRR)",[16] instituído com o objetivo de fomentar e coordenar globalmente a redução de riscos e perdas em desastres.

A UNDRR agrega documentos sobre políticas, planos e estratégias municipais para a prevenção e tratamento de desastres, dados estatísticos, materiais educativos e alguns bancos de dados sobre o tema.

No Brasil, a Lei Federal nº 12.608/2012 instituiu a Política Nacional de Proteção e Defesa Civil (PNPDEC), bem como organizou o Sistema Nacional de Proteção e Defesa Civil (SINPDEC) e o Conselho Nacional de Proteção e Defesa Civil (CONPDEC). Também autorizou a criação de sistema de informações e monitoramento de desastres.

A PNPDEC abrange as ações de prevenção, mitigação, preparação, resposta e recuperação voltadas à proteção e defesa civil (art. 3º).

O escopo da política é bem amplo, pois deve ser integrada às políticas de ordenamento territorial, desenvolvimento urbano, saúde,

---

[16] Disponível em: https://www.undrr.org/.

meio ambiente, mudanças climáticas, gestão de recursos hídricos, geologia, infraestrutura, educação, ciência e tecnologia e às demais políticas setoriais, tendo em vista a promoção do desenvolvimento sustentável (art. 3º, parágrafo único).

O Ministério do Desenvolvimento Regional instituiu o Sistema Integrado de Informações sobre Desastres (S2iD), que é uma plataforma do Sistema Nacional e Proteção e Defesa Civil. Esse sistema online faz a integração de vários serviços, visando dar transparência à gestão de riscos e desastres no país.

O citado sistema possui alguns dados relacionados "aos registros de danos e prejuízos, reconhecimento federal de situação de emergência, ações de resposta e obras de reconstrução realizadas pela SEDEC, de forma a apoiar o trabalho dos gestores públicos e informar a sociedade em geral".[17]

Estão incluídas no S2iD as seguintes *tipologias* (categorias) de desastres:

- Alagamentos
- Baixa Umidade do Ar
- Ciclones – Marés de Tempestade (Ressacas)
- Ciclones – Ventos Costeiros (Mobilidade de Dunas)
- Colapso de edificações
- Corridas de Massa – Rocha/detrito
- Corridas de Massa – Solo/Lama
- Derramamento de produtos químicos em ambiente lacustre
- Deslizamentos
- Doenças infecciosas bacterianas
- Doenças infecciosas fúngicas
- Doenças infecciosas parasíticas
- Doenças infecciosas virais
- Emanação vulcânica
- Enxurradas
- Erosão Continental – Boçorocas
- Erosão Continental – Laminar
- Erosão Continental – Ravinas
- Erosão Costeira/Marinha
- Erosão de Margem Fluvial
- Estiagem
- Fontes radioativas em processos de produção

---

[17] Disponível em: https://s2id.mi.gov.br/paginas/relatorios/.

- Frentes Frias/Zonas de Convergência
- Incêndio Florestal – Incêndios em áreas não protegidas
- Incêndio Florestal – Incêndios em Parques, Áreas de Proteção
- Incêndios em aglomerados residenciais
- Incêndios em plantas e distritos industriais, parques e depósitos
- Infestações de algas – Ciano bactérias em reservatórios
- Infestações de algas – Marés vermelhas
- Infestações de animais
- Inundações
- Liberação de produtos químicos nos sistemas de água potável
- Liberação de produtos químicos para a atmosfera
- Liberação de produtos químicos e contaminação
- Onda de Calor
- Onda de Frio – Friagem
- Onda de Frio – Geadas
- Outras fontes de liberação de radionuclídeos para o meio ambiente
- Outras Infestações
- Queda de satélite (radionuclídeos)
- Quedas, Tombamentos e rolamentos – Blocos
- Quedas, Tombamentos e rolamentos – Lajes
- Quedas, Tombamentos e rolamentos – Lascas
- Quedas, Tombamentos e rolamentos – Matacões
- Rompimento/colapso de barragens
- Seca
- Subsidências e colapsos
- Tempestade Local/Convectiva – Chuvas Intensas
- Tempestade Local/Convectiva – Granizo
- Tempestade Local/Convectiva – Tempestade de Raios
- Tempestade Local/Convectiva – Tornados
- Tempestade Local/Convectiva – Vendaval
- Transporte de passageiros e cargas não perigosas marítimas
- Transporte de produtos perigosos aéreo
- Transporte de produtos perigosos aquaviário
- Transporte de produtos perigosos dutoviário
- Transporte de produtos perigosos marítimo
- Transporte de produtos perigosos rodoviário
- Transporte de produtos perigosos ferroviário
- Transporte passageiros e cargas não perigosas aéreo
- Transporte passageiros e cargas não perigosas aquaviário

- Transporte passageiros e cargas não perigosas ferroviário
- Transporte passageiros e cargas não perigosas rodoviário
- Tremor de terra
- Tsunami

Todos os eventos são situações (ou possíveis eventos) de risco que devem ser monitoradas pelos municípios quando a análise de riscos assim recomendar.

Para o monitoramento do risco de desastres naturais existe o CEMADEN, ou Centro Nacional de Monitoramento e Alertas de Desastres Naturais, criado pelo Decreto Presidencial nº 7.513, vinculado ao Ministério da Ciência, Tecnologia e Inovações (Brasil, 2022).[18]

Há, no âmbito do CEMADEN, importante trabalho contínuo de emissão regular de alertas de riscos geo-hidrológicos, o que certamente contribui para a prevenção de eventos de riscos imediatos.

A estrutura atual é normatizada pelo Decreto nº 10.463/2020, que reestruturou o Ministério da Ciência, Tecnologia e Inovações, que estabelece as competências do Centro da seguinte forma:

> Art. 29. Ao Centro Nacional de Monitoramento e Alertas de Desastres Naturais compete:
>
> I – elaborar alertas de desastres naturais relevantes para ações de proteção e de defesa civil no território nacional;
>
> II – elaborar e divulgar estudos visando à produção de informações necessárias ao planejamento e à promoção de ações contra desastres naturais;
>
> III – desenvolver capacidade científica, tecnológica e de inovação para continuamente aperfeiçoar os alertas de desastres naturais;
>
> IV – desenvolver e implementar sistemas de observação para o monitoramento de desastres naturais;
>
> V – desenvolver e implementar modelos computacionais para previsão de desastres naturais;
>
> VI – operar sistemas computacionais necessários à elaboração dos alertas de desastres naturais;
>
> VII – promover capacitação, treinamento e apoio a atividades de graduação em suas áreas de atuação; e
>
> VIII – emitir alertas de desastres naturais para o Centro Nacional de Gerenciamento de Riscos e Desastres do Ministério do Desenvolvimento Regional, e para os órgãos estaduais, distritais e municipais de Defesa Civil, em auxílio ao Sistema Nacional de Defesa Civil.

---

[18] Disponível em: https://www.gov.br/mcti/pt-br/rede-mcti/cemaden.

Não existe, ou não é evidente, no âmbito da estrutura do CEMADEN, a investigação profunda de causas dos desastres ou mesmo iniciativas mais coordenadas de prevenção de desastres, o que é feito, de alguma maneira, de forma difusa pelos vários âmbitos de planejamento e gestão dos municípios, dos estados e da própria União.

Com base no Perfil dos Municípios Brasileiros (Munic) 2017 (IBGE, 2017), constatou-se que, dos 5.570 municípios brasileiros, mais da metade (59,4%) não contava com instrumentos de planejamento e gerenciamento de riscos relacionados a desastres.[19]

Os outros 40% dos municípios possuem alguma ferramenta de planejamento e gerenciamento de riscos, como os Nudecs, ou Núcleos Comunitários de Defesa Civil, que são estruturas comunitárias de monitoramento de áreas de risco.[20]

Os Nudecs são bons exemplos de gestão de riscos participativa, visto que, mediante capacitação dos moradores de áreas de risco pela Prefeitura, há a atuação real da população que sofre os efeitos do agravamento dos riscos em áreas sujeitas a desastres naturais.

A ONU, por meio do Escritório das Nações Unidas para Redução do Risco de Desastres – UNISDR (UNISDR, 2017), estabeleceu o programa "Cidades resilientes", que tem como um de seus objetivos incentivar os municípios a tomarem ações para estabelecerem ações de resiliência e sustentabilidade.

Segundo informações disponíveis no site da Defesa Civil do estado do Paraná, o programa "Cidades Resilientes":

> 1) Permite ao município identificar os riscos aos quais está sujeito, facilitando o planejamento antecipado da gestão de risco de desastres, o que possibilita o cumprimento das obrigações do município constantes na legislação federal que estabelece as condições para repasse de recursos;
>
> 2) Demonstra a preocupação do município com as atividades preventivas, o que facilita a percepção por parte das esferas estaduais e federais, possibilitando a análise de linhas de crédito especiais ao município e às empresas;
>
> 3) O município terá um reconhecimento internacional de sua política para gestão urbana, emitido pela Organização das Nações Unidas, por

---

[19] Disponível em: https://censo2022.ibge.gov.br/2012-agencia-de-noticias/noticias/21633-desastres-naturais-59-4-dos-municipios-nao-tem-plano-degestao-de-riscos.html.

[20] Exemplo de organização de um Nudec pode ser encontrado em https://www.petropolis.rj.gov.br/dfc/index.php/cursos/nudecs.html. Acesso em: 15 fev. 2022.

meio da certificação do Escritório das Nações Unidas para Redução do Risco de Desastres – UNISDR.[21]

Segundo o Sistema Integrado de Informações sobre Desastres (S2id), o Estado do Mato Grosso não possui nenhum município aderente ao programa "Cidades Resilientes".[22]

Os dados demonstram que há muito por fazer na questão da abordagem dos riscos relacionados com a resiliência nas cidades, e a recalcitrância dos municípios em estabelecer mecanismos básicos de gestão de riscos justo na sua forma mais evidente (desastres) demonstra o estágio ainda inicial que se encontra a gestão de riscos nas cidades brasileiras.

Os periódicos episódios de desastres naturais (como alagamentos e secas) que ocorrem nas regiões Sudeste e Nordeste do Brasil demonstram a importância dos arranjos de gestão de riscos de defesa civil. No entanto, a letalidade de tais acontecimentos está ligada não só à urgência dos aumentos de chuvas ou ausência delas, mas também à gestão de eventos de riscos estruturais, como a política de urbanização e habitação, fiscalização da qualidade das construções, realocação de populações instaladas em áreas vulneráveis, e outros tratamentos de risco tão necessários, mas que apenas podem ser estabelecidos com uma correta abordagem de riscos internalizada nas administrações municipais.

2.4.4 Sustentabilidade

"Sustentável" é o adjetivo que se agrega sempre que se quer referir à perenidade da produção e utilização de recursos finitos ou em cuja utilização importe de alguma forma a diminuição gradativa da qualidade geral da vida das pessoas (como a poluição).[23] A ideia de sustentabilidade intergeracional como primeiro parâmetro para a definição de sustentabilidade foi cristalizada pelo Relatório Brundtland (ONU, 1987). Acresce-se aí a ideia das dimensões da sustentabilidade (dimensão ambiental, dimensão social e dimensão econômica),

---

[21] Disponível em: http://www.defesacivil.pr.gov.br/Pagina/Cidades-resilientes.
[22] Disponível em: https://s2id.mi.gov.br/paginas/index.xhtml#.
[23] A Lei n. 10.256/2001 (Política Urbana), em seu art. 2º, refere-se à "garantia do direito a cidades sustentáveis, entendido como o direito à terra urbana, à moradia, ao saneamento ambiental, à infraestrutura urbana, ao transporte e aos serviços públicos, ao trabalho e ao lazer, para as presentes e futuras gerações;"

conforme faz a própria Agenda 2030 (ONU, 2016a), aspectos que são estendidos para dimensões éticas, jurídico-políticas e outras dimensões condizentes com a convivência harmônica, perene e de qualidade entre os humanos (Freitas, 2019).

Tanto a fórmula intergeracional quanto as dimensões da sustentabilidade são referidas pela Agenda 2030. O atributo sustentabilidade, acoplado ao desenvolvimento, muda o próprio sentido e alcance dos objetivos e metas, que não mais podem ser fixados sem que haja atributos como inclusão e combate à pobreza.

Quando se consideram as metas em sua forma decomposta, nada menos do que 80 (oitenta) formulações de metas dos Objetivos de Desenvolvimento Sustentável referem-se ao objetivo de sustentabilidade, mais metas do que a qualquer outro objetivo.

A tabela a seguir filtra as metas relacionadas com o objetivo preponderante de sustentabilidade nos vários objetos de gestão. Observa-se uma grande permeabilidade da noção de sustentabilidade nas metas.

Tabela 5 – Metas relacionadas com o objetivo de sustentabilidade por objeto de gestão

Objetivo preponderante	Meta	Item	Objeto
Sustentabilidade	Apoiar os países menos desenvolvidos para construções sustentáveis	11.c(a)	Habitação
Sustentabilidade	Apoiar relações ambientais entre áreas urbanas, periurbanas e rurais	11.a(c)	Ambiente
Sustentabilidade	Apoiar relações econômicas entre áreas urbanas, periurbanas e rurais	11.a(a)	Economia
Sustentabilidade	Apoiar relações sociais entre áreas urbanas, periurbanas e rurais	11.a(b)	Relações Sociais
Sustentabilidade	Aumentar a urbanização sustentável	11.3(b)	Urbanização
Sustentabilidade	Aumentar as capacidades para gestão de assentamentos humanos participativos	11.3(d)	Gestão
Sustentabilidade	Aumentar as capacidades para o planejamento	11.3(c)	Planejamento
Sustentabilidade	Aumentar as capacidades para o planejamento e gestão de assentamentos humanos integrados	11.3(e)	Gestão
Sustentabilidade	Aumentar substancialmente o número de assentamentos humanos adotando e implementando planos integrados para a eficiência dos recursos	11.b(a)	Gestão
Sustentabilidade	Aumentar as capacidades para o planejamento e gestão de assentamentos humanos sustentáveis	11.3(f)	Gestão
Sustentabilidade	Fortalecer esforços para proteger e salvaguardar o patrimônio natural do mundo	11.4(b)	Patrimônio Público
Sustentabilidade	Garantir o acesso de todos a habitação adequada	11.1 (a)	Habitação
Sustentabilidade	Proporcionar o acesso a sistemas de transporte sustentáveis	11.2 (c)	Transporte
Sustentabilidade	Proporcionar o acesso universal a espaços públicos verdes para crianças	11.7(o)	Espaços Públicos
Sustentabilidade	Proporcionar o acesso universal a espaços públicos verdes para mulheres	11.7(n)	Espaços Públicos
Sustentabilidade	Proporcionar o acesso universal a espaços públicos verdes para pessoas com deficiência	11.7(q)	Espaços Públicos
Sustentabilidade	Proporcionar o acesso universal a espaços públicos verdes para pessoas idosas	11.7(p)	Espaços Públicos
Sustentabilidade	Reduzir o impacto ambiental negativo *per capita* das cidades (geral)	11.6(a)	Ambiente
Sustentabilidade	Reduzir o impacto ambiental negativo *per capita* das cidades prestando especial atenção à qualidade do ar	11.6(b)	Ambiente
Sustentabilidade	Reduzir o impacto ambiental negativo *per capita* das cidades prestando especial atenção à gestão de resíduos municipais	11.6(c)	Ambiente

Fonte: Elaborada pelo autor (2024)

A identificação de riscos relacionados com o objetivo de sustentabilidade é a um só tempo complexa e sofisticada, visto que, de modo geral, os eventos de risco relacionados a qualquer objetivo podem significar risco ao desenvolvimento sustentável. A sustentabilidade é um ponto de ligação entre os objetivos, inserindo elementos para a elaboração dos objetivos e metas, e também de parâmetros de identificação, análise e avaliação de riscos.

Interessante observar que há a versão brasileira de Índice de Desenvolvimento Sustentável das Cidades (Instituto Cidades Sustentáveis, 2022), com o objetivo alegado de "orientar a ação política municipal, definir referências e metas com base em indicadores de gestão e facilitar o monitoramento dos ODS em nível local". Há índice para cada objetivo e outro para o conjunto dos 17 ODS. A iniciativa é salutar, na medida em que provê indicador global de sustentabilidade a partir dos ODS. A metodologia é emprestada da *Sustainable Development Solutions Network*, ligada à ONU.[24] A partir de dados de fontes públicas, são categorizados 770 municípios quanto à sustentabilidade. O índice classifica atualmente cidades que vão de 73,40 pontos (Morungaba, SP) a Moju (PA), com apenas 32,17 pontos. A medição baseada nos ODS é *benchmarking* comparativo de suma importância para os municípios, sendo que os relatórios individuais gerados podem servir de inspiração a diversas políticas públicas e gestão de riscos com o objetivo de aperfeiçoar a governança local.

2.5 Prevenção e precaução: atitudes de prudência ativa perante eventos de risco

De fato, os princípios da prevenção (dever de agir perante danos conhecidos) e da precaução (agir diante de danos não conhecidos, e por isso mesmo) podem funcionar como traduções da abordagem de riscos ante o ordenamento jurídico, a administração pública e a gênese normativa. A evocação desses princípios abre o campo racional para ponderações que incluem todos os elementos de uma gestão de risco, como as causas dos eventos de risco, o evento em si, as probabilidades e os efeitos do risco, bem como o dever de agir quando se identifica uma atitude/tratamento apropriados, possíveis e de custo-benefício positivo.

De Marco (2014, p. 380-387), abordando indicadores jurídicos que caracterizam uma cidade sustentável, leciona que o controle da

---

[24] Disponível em: https://www.unsdsn.org/.

produção, da comercialização e o emprego de técnicas que comportem risco para a vida, para a qualidade de vida e para o meio ambiente envolve, tipicamente, a aplicação dos princípios da prevenção e da precaução e aponta como "poder-dever" do Poder Público a intervenção nas atividades econômicas para o impedimento de riscos.

Para Freitas (2019, p. 316-318), os elementos centrais do princípio da prevenção são (a) alta e intensa probabilidade (certeza) de dano especial e anômalo; (b) atribuição e possibilidade de o Poder Público evitar o dano social, econômico ou ambiental e (c) ônus estatal de produzir a prova da excludente do nexo de causalidade intertemporal. Já o princípio da prevenção, segundo o mesmo autor, é a imposição ao Poder Público de adoção de medidas antecipatórias e proporcionais, mesmo nos casos de incerteza quanto à produção de danos.

Deve-se notar que uma das primeiras positivações do princípio da precaução se encontra na Declaração Rio-92 (ONU, 1992, p. 6), que traz em seu princípio 15 uma aproximação de precaução diante das ameaças de danos sérios ou irreversíveis ao meio ambiente, mesmo que haja ausência de certeza científica.

Assim, quando se está diante de eventos de risco *conhecidos* quanto às suas causas, efeitos, magnitudes e tratamentos, o dever de ações mitigatórias é mais acentuado, deixando pouca margem de discricionariedade ao agente. O dever de agir se impõe de forma mais direta e delimitada, produzindo deveres de ação que podem mais facilmente serem avaliados quanto ao custo-benefício das ações, gerando responsabilidades e justificações mais evidentes. A atitude perante essa vertente demanda mais ação, intervenção prática nas probabilidades e impactos.

Para Freitas (2019, p. 319):

> A diferença reside no grau estimado de probabilidade do dano irreversível ou de difícil reversibilidade (certeza *versus* verossimilhança). Exatamente por esse motivo, o Poder Público, para concretizar o princípio da precaução, age na presunção – levemente menos intensa do que aquela que o obriga a prevenir – de que a interrupção proporcional do nexo de causalidade consubstancia, no plano concreto, atitude mais vantajosa do que a resultante da liberação do liame de causalidade.

Dessa forma, quando os eventos de risco são previsíveis, mas não se conhecem completamente as relações de causa e efeito, nem as magnitudes dos impactos dos riscos, nem os tratamentos e controles a serem aplicados a esses eventos, invoca-se o princípio da *precaução* com maior força, no sentido de que a atitude tende a um juízo probabilístico fundado na incerteza dos efeitos, mas em uma magnitude de risco suficiente para motivar a tomada de atitudes positivas de mitigação.

Em ambas as dimensões do risco (prevenção e precaução), impera uma prudência ativa (baixo apetite ao risco), pois envolve não só deixar de fazer determinado empreendimento quando riscos forem captados pelo radar das previsibilidades, mas agir ativamente quando um risco for identificável como resultado de empreendimentos já em curso, ou memo protrair o início de ações/empreendimentos caso não haja conhecimento suficiente quanto aos desdobramentos de possíveis eventos de risco.

Prevenção e precaução, portanto, são calibradores do apetite ao risco diante dos empreendimentos humanos, visando atingir o desenvolvimento sustentável.

Abordados os objetivos e as competências que demandam gestão de riscos locais, necessário que se aborde a forma democrática como os riscos devem ser efetivamente geridos localmente: gestão participativa e democrática dos riscos.

CAPÍTULO 3

A GESTÃO PARTICIPATIVA DOS RISCOS NAS CIDADES

Esta parte levantará questões sobre a *forma* como os riscos serão levantados, ou captados, em uma população local democrática. Será feita crítica à formação geral da governança democrática quanto ao aspecto de *accountability* sobre a gerência dos riscos (sistema eleitoral local), bem como se abordará uma das formas mais importantes de participação democrática para além da representação política usual: os conselhos municipais.

Uma característica marcante da sociedade da modernidade em diante é que a criação e a distribuição dos riscos são desiguais, conforme a clássica lição de Beck (2011). Uma grande parte dos efeitos de riscos mais perniciosos cai mais pesadamente sobre as populações mais vulneráveis. A gestão desses riscos precisa, portanto, levar em conta, em uma sociedade que tem como objetivo a erradicação da pobreza e de toda forma de discriminação, aqueles que mais são afetados pelos eventos de risco.

Pode-se chegar com certeza ao conceito de gestão democrática de riscos, no sentido de que a percepção de riscos e o tratamento dos riscos servirão para direcionar mais recursos para as populações que mais necessitam de prevenção contra eles.

Sejam riscos relacionados com desastres, sejam riscos relacionados com algum objetivo fixado na Constituição e seus correlatos expressos pelos Objetivos de Desenvolvimento Sustentável (ODS), todos os riscos que afetam significativamente as populações locais precisam de governança e gestão.

É necessário que se adote uma metodologia apropriada para que haja a possibilidade de percepção, sistematização, priorização, tratamento e acompanhamento dos riscos.

O estabelecimento da prática de gestão de riscos, utilizando-se qualquer metodologia, por si só, já modifica a forma como a situação de risco é abordada e já provê um quadro por meio do qual a realidade é recortada, analisada e inserida num contexto de enfrentamento ou tolerância.

Processos de gestão de risco "padrão", a exemplo da ISO 31000 e dos referenciais COSO, podem ser utilizados virtualmente para qualquer situação, visto que todos envolvem ao menos o entendimento do contexto, processo de identificação, análise e avaliação, e decisões sobre tratamento dos riscos, envoltos em uma teia de comunicação das partes e um acompanhamento contínuo.

A existência de mecanismos de gestão participativa na governança municipal é de suma importância para que a governança democrática de riscos ocorra, fazendo com que os riscos "corretos" sejam identificados e tratados, e não apenas riscos de parcelas privilegiadas, com seus interesses setorizados.

3.1 A governança democrática local e a gestão de riscos locais

É necessário que se analise a governança democrática brasileira, desde o sistema eleitoral básico até a governança dos municípios e cidades, e se tente fazer uma aproximação sobre os efeitos desse sistema na gestão dos riscos.

O sistema eleitoral é a forma primária de escolha das lideranças nacionais responsáveis, em última análise, pela governança pública e, portanto, pela arrecadação, aplicação e distribuição de recursos.

O sufrágio é universal (não censitário) e o voto é direto e secreto e com valor igual. Essas características, por si só, dão boa densidade de governança para a formação do "grande conselho" de cidadãos que passarão a escolher representantes. O "poder" popular de escolha também pode ser exercido por consultas diretas ao indivíduo cidadão, mas tal forma de exercício administrativo é rara na governança democrática brasileira.

O sistema eleitoral brasileiro é, portanto, predominantemente representativo, e é um misto de sistema majoritário e sistema proporcional. Majoritário para cargos dos Poderes Executivo Federal, Estadual e Municipal e Senado Federal, e proporcional para as casas legislativas federais e municipais.

A filiação a partidos políticos é condição de elegibilidade para os pretensos gestores, junto com algumas outras condições, como idade mínima (que varia de 35, para presidente, até 18 anos, para vereador). Outras condições de elegibilidade é o *status* de brasileiro nacional, não estar com direitos políticos suspensos, alistamento, domicílio na circunscrição. Soma-se a isso uma série de inelegibilidades definidas por lei complementar para a proteção da probidade administrativa, a moralidade e proteção contra abusos de influência (§9º do art. 14 da Constituição Federal de 1988).

Para a formação do Poder Executivo, que possui funções executivas e legislativas mais concretas e imediatas, optou-se por um sistema majoritário puro, com tendência de formação de maioria. Ou seja, prefeito, governador e presidente da República são eleitos pelo sistema majoritário e, para municípios com mais de 200 mil habitantes, é preciso uma "maioria real" dos votos válidos (segundo turno), com objetivo de uma (pretensa) legitimidade. O governo executivo local é responsável, no âmbito dos municípios, pelo controle de verbas de tratamento de riscos mais urgentes, enquanto o Poder Legislativo é responsável pelo estabelecimento de políticas e programas mais perenes, aprovados por meio dos orçamentos públicos que passam por complexo sistema de votação.

Para a formação da estrutura legislativa que, de certa forma, assemelha-se a um "conselho de administração", optou-se pela eleição de um corpo representativo e utiliza-se um sistema proporcional de representação.

Para além de uma explicação mais completa sobre o sistema proporcional brasileiro, que não é escopo deste trabalho, deve-se explanar que um sistema proporcional se contrapõe a um sistema distrital, ou seja, em uma circunscrição mais ou menos ampla, tenta-se espelhar no parlamento mais ou menos as cores partidárias espalhadas naquela circunscrição. Essa ideia é diferente de um parlamento formado de representantes de distritos, onde a circunscrição é dividida em diversas áreas que, pelo sistema majoritário, escolhem seus representantes.

Cumpre-nos, agora, discutir as possíveis repercussões de um sistema de representação proporcional pura em assuntos tão práticos quanto a gestão de riscos na governança democrática das cidades.

3.2 Possíveis efeitos do sistema proporcional na gestão de riscos dos municípios

A governança dos riscos se dá em diversos âmbitos, dimensões e aspectos, e é levada a cabo por agente, ou agentes em conselho, que possuem a tarefa de entender o contexto e o ambiente, entendendo os objetivos e recursos e, a partir daí, identificar, analisar, avaliar e tratar os riscos. Esse processo, presente na estrutura de quase todos os *frameworks* de riscos e governança, também está presente na governança municipal.

Em âmbito político, a formação do "corpo governante", ou seja, o grupo que realmente decide provendo direção, liderança e controle ao ente administrativo, é de suma importância para o esquema geral de governança, principalmente a governança pública.

Conforme bem expõe o IFAC (2001, p. 6), em sistemas de governança baseados na existência de um corpo governante, a gestão (alocação de recursos) recebe o influxo diretivo da governança, que, por sua vez, outorga a autoridade que recebe dos detentores finais dos recursos. No sistema político, de forma semelhante, há uma separação entre as funções executiva e legislativa, sendo que o parlamento provê autoridade para a aquisição e uso de recursos e é responsável pela supervisão da administração, o que cria um esquema geral de *accountability*.

A divisão orgânica de Poderes, em um sistema democrático, bem como a forma representativa de escolha de representantes para a formação dos Conselhos, principalmente legislativos, torna o Poder Legislativo uma espécie de corpo governante. Nos municípios, este conselho se corporifica na Câmara Municipal (Câmara Legislativa, no caso do Distrito Federal), que possui poder constituinte local (elaboração da Lei Orgânica), poder legislativo e poder fiscalizatório, além de outros poderes e funções, estabelecidos pelo Capítulo IV do Título III da Constituição Federal de 1988.

Aplicando-se o modelo da relação de agência entre agente/principal, aqui já exposta e bem explanada por Pinheiro Filho (2016) a partir de bases genéricas e empresariais de Jensen e Meckling (1976), ao modelo de governança municipal, têm-se que os vereadores são integrantes do corpo governante municipal e atuam como representantes do "povo", ou seja, dos titulares últimos dos recursos utilizados e geridos. Essa posição é exercida em conjunto com o Poder Executivo Municipal, que atua esporadicamente como Presidente do Corpo Governante se considerada a função de forma "lata", dada, inclusive, a possibilidade de iniciativa e veto dos projetos de lei.

Dessa forma, de suma importância é o sistema eleitoral responsável pela escolha desse Corpo Governante municipal, em importância análoga com a escolha de um conselho de administração de uma grande corporação e de seus executivos. Esse conselho será responsável por administrar os parcos recursos municipais, estabelecendo prioridades, elaborando políticas públicas e selecionando os riscos tratáveis e a forma de tratamento.

O que se quer apontar, portanto, é que o esquema de escolha eleitoral nos municípios afeta diretamente a gestão de riscos realizada em todos os níveis e dimensões dentro do município. Há riscos locais relacionados com o ordenamento urbano; riscos relacionados com populações com diversos tipos de vulnerabilidades, seja de moradia, transporte, riscos educacionais, os relacionados com segurança e todos aqueles que representam óbices aos fins almejados pela Constituição Federal e pelos ODS. A abordagem de tais riscos é feita em diversos âmbitos, dimensões e competências, começando com a ordenação geral feita pela União, até pela competência dos estados e, por fim, pela competência local dos municípios.

Assim como a circunscrição nas eleições para deputados estaduais é todo o Estado, a circunscrição das eleições brasileiras para a câmara de vereadores é todo o território do município, pois que o art. 84 da Lei 4.737/1965 – Código Eleitoral determina que "a eleição para a Câmara dos Deputados, Assembleias Legislativas e Câmaras Municipais obedecerá ao princípio da representação proporcional". O sistema proporcional consiste em obter um "quociente eleitoral" dividindo-se o número de votos válidos apurados pelo de lugares a preencher em cada circunscrição eleitoral (art. 106 da Lei 4.737/1965 – Código Eleitoral). Serão eleitos por cada partido tantos candidatos quanto estes conseguirem atingir do quociente eleitoral (o chamado quociente partidário).[25] As sobras dos lugares não preenchidos são distribuídas por método parecido com o sistema majoritário, de maiores médias. Essa forma de distribuição de cadeiras por sistema proporcional foi inventada originalmente por Víctor D'Hondt e difere essencialmente das formas proporcionais utilizadas por Portugal e Espanha, que também utilizam sistema proporcional (Fernández Ruiz, p. 13-45).

Os sistemas eleitorais proporcionais tendem a criar uma representação mais ou menos exata das cores partidárias disseminadas na circunscrição, pois que os partidos e candidatos vão buscar votos em todos os rincões da circunscrição, em vez de ficarem concentrados em seus distritos, caso fosse utilizado um sistema distrital.

Em circunscrições compostas por eleitores com situações sociais, educacionais e econômicas tão diversas, a escolha de um sistema

---

[25] Lei 4.737/1965 – Código Eleitoral, art. 108, *caput*: "Art. 108. Estarão eleitos, entre os candidatos registrados por um partido que tenham obtido votos em número igual ou superior a 10% (dez por cento) do quociente eleitoral, tantos quantos o respectivo quociente partidário indicar, na ordem da votação nominal que cada um tenha recebido."

proporcional de representação pode adicionar, por si só, riscos de governança à governança democrática local.

Um deles, conforme nota Norris (2012, p. 32, tradução nossa), é a possibilidade de pessoalização da disputa eleitoral, em detrimento de necessidades materiais locais:

> Em países como o Brasil, onde os partidos políticos tendem a ser personalísticos e clientelísticos em vez de programáticos, com uma organização partidária nacional fraca e uma disciplina partidária mínima na legislatura, campanhas baseadas em apelos pessoais podem ser igualmente evidentes tanto em eleições presidenciais quanto em eleições para o congresso.[26]

O fator *accountability* fica muito prejudicado com a predominância do sistema proporcional puro para o Legislativo, em que não há a formação de *"constituency link"*, expressão inglesa que denota a ligação que existe entre um distrito e o representante eleito por ele.[27]

Não ficará tão evidente e vinculante que esta ou aquela base eleitoral elegeu este ou aquele representante, diminuindo a pressão social sobre o eleito.

A combinação de uma cultura partidária fraca, desestruturada e de partidos numerosos, com uma desigualdade acentuada nas populações, somadas a uma tendência de personalização das escolhas eleitorais, podem ser fatores tendentes a tornar o sistema de governança democrática municipal anacrônico em sua formação, o que pode levar à formação de um conselho com *accountability* fraca e uma abstratização muito grande dos atos de gestão.

Um sistema distrital representa, da mesma forma, seus riscos, quando se vislumbra o clientelismo historicamente existente no Brasil. Há riscos como o famoso *gerrymandering*, ou desenho artificial de distritos para favorecer este ou aquele partido ou candidato.

Contudo, para uma efetiva governança democrática com boa gestão de riscos locais, o elemento *accountability* é por demais importante, e uma *constituency link* deve ser incluída no sistema para que as gestões fiquem evidentes e controláveis.

---

[26] *"In countries such as Brazil, where party politics tend to be personalistic and clientalistic rather than programmatic, with weak national party organizations and minimal party discipline in the legislature, campaigning based on personal appeals may be equally evident in both presidential and congressional election."*

[27] Disponível em: https://www.electoral-reform.org.uk/voting-systems/what-are-voting-systems/constituency-link/.

Com um elemento distrital inserido na governança municipal haverá tendência a uma melhoria na gestão para amenização de alguns riscos relacionados com desastres naturais, transporte e habitação, fazendo com que haja pressão social maior sobre os representantes eleitos por aquelas circunscrições cujas necessidades são prementes.

O sistema proporcional puro para eleição de vereadores, por enfraquecer o fator *accountability*, dificultar a transparência e permitir uma abstração que tende à falta de *constituency link*, pode prejudicar, em última análise, a governança local, prejudicando a percepção e a gestão dos riscos locais pelo sistema político, principalmente no que concerne ao Poder Legislativo.

Na América do Norte, notadamente nos Estados Unidos da América, onde predomina o sistema distrital e o sistema majoritário de escolha, geralmente há a eleição de representantes de forma mista. Alguns são eleitos pelos respectivos distritos, outros são eleitos *at large*, ou seja, representando toda a circunscrição. No entanto, isso varia de município para município, mas a divisão de distritos é o que predomina.[28]

Dessa forma, a inserção de elemento distrital como base eleitoral para eleição de vereadores pode ser medida que pode aperfeiçoar a governança de riscos, por permitir *melhor percepção* de riscos locais pelo representante eleito pela circunscrição e por seus eleitores e cidadãos residentes naquela circunscrição, também por permitir uma demonstração mais clara das ações de gestão intentadas por esses representantes.

Conforme Gomes (2015, p. 129):

> Não se pode negar que o sistema distrital misto é superior ao que se encontra em vigor. Reduz significativamente o território da disputa, pois os candidatos distritais só pedirão votos nos distritos em que concorrerem. Isso barateia a campanha, o que propicia o ingresso de novos atores no jogo político e a diminuição da influência dos poderes político e econômico. Outro fator positivo é o estabelecimento de novas bases no relacionamento entre os cidadãos e seus representantes, já que a proximidade entre eles enseja um controle social mais efetivo da atuação do parlamentar.
> Saliente-se, porém, que as listas flexível e aberta são mais consentâneas com os princípios democráticos. Tem-se ressaltado na doutrina o risco representado pela lista fechada, pois, ainda que indiretamente, enseja que a cúpula das agremiações (formada pelos denominados "caciques")

---

[28] *Vide* a divisão em distritos neste município: https://www.littletongov.org/connect-with-us/city-leadership/city-council-members/council-district-map.

escolha os candidatos que figurarão nas primeiras posições da lista, deixando os desafetos ou adversários ou, ainda, os filiados "pouco influentes" para o final. Por outro lado, na lista fechada o mandatário não é motivado a estreitar relações com os eleitores, menos ainda a prestar-lhes contas de seus atos; sua atenção estará sempre voltada ao "trabalho partidário", interno, de modo a garantir as primeiras posições na lista.

Aspectos de gestão e governança "pós-eleições" geralmente não são considerados quando se escolhe determinado sistema eleitoral. O que ocorre é a luta pela manutenção do *status quo*, visto que uma mudança no sistema pode significar incertezas para grupos atualmente engajados em disputas eleitorais.

Será proveitoso que haja, no país, discussões e estudos sobre experimentos de um sistema distrital, de diversas matrizes, em âmbito municipal e, caso haja melhora na governança local, ampliar o sistema de forma consistente para corpos governantes eleitos por circunscrições maiores, como as assembleias legislativas e a câmara federal.

Enquanto não ocorre uma mudança profunda na governança política das cidades, o sistema democrático conhece a formação de diversos conselhos municipais que podem desempenhar um papel importante na percepção e na gestão dos riscos locais, conforme se verá a seguir.

3.3 Os conselhos municipais na gestão participativa de riscos locais

Há meios diretos, disruptivos e até violentos de manifestação popular local, e na história recente do país há vários exemplos de pressões exercidas imediatamente e de forma semiorganizada que obtiveram sucesso em arrancar do governo as melhorias percebidas como necessárias para a população local.

Contudo, há formas mais sistêmicas, organizadas, produtivas e contínuas de participação popular local que, se implementadas, certamente elevariam a governança local a outros patamares de produtividade, eficiência e distributividade.

Uma dessas formas de participação é a formação de conselhos municipais, que atuam de diversas maneiras para acrescer mais participação na gestão das municipalidades. A formação de conselhos é prática já consolidada na história brasileira recente e que tem por objetivo o equilíbrio e a eficácia da governança e gestão.

Em uma estrutura de governança tipo agente/principal, em que há gestão de recursos cuja titularidade pertence a pessoas/grupos que podem ter conflitos de interesses com os titulares dos recursos (ou seja, o atingimento imediato do interesse pessoal dos representantes não coincide necessariamente com os interesses dos titulares dos recursos), a formação de estruturas intermediárias, representativas de certos interesses dos administrados ou de áreas de expertise é medida salutar de governança.

O Tribunal de Contas da União (Brasil, 2020b, p. 38) ilustra que o principal (titulares dos recursos) seriam os cidadãos, sendo que o papel de agentes se daria na pessoa dos representantes eleitos, dos conselhos, da autoridade executiva, dos dirigentes e dos gerentes.

Há, geralmente, nas administrações, a identificação de estruturas de Governança, responsáveis por prover direção, avaliação e acompanhamento (monitoramento) dos resultados esperados. E há atividades de gestão, encarregadas de planejar, executar e controlar os recursos tendo como insumo o direcionamento da governança (Brasil, 2020b, p. 18-19).

É intuitiva a identificação das estruturas de gestão e governança em uma administração municipal. A governança municipal é composta conjuntamente pela Câmara Municipal (que provê direcionamentos orçamentários e programáticos, contando também com funções de fiscalização e direcionamento) e pelo governo executivo municipal, que também define projetos, programas e políticas locais.

Entre as estruturas de gestão e governança deve existir áreas de ligação, consulta e fiscalização. São chamadas de "Áreas de Apoio à Governança" e geralmente são formadas por agente com posição de expertise, de representação e de responsabilização. Exemplo dessas estruturas são os diversos conselhos e comitês, consultivos ou deliberativos, criados facultativa ou obrigatoriamente no âmbito municipal, que possuem funções de auxílio à governança e à gestão dos recursos.

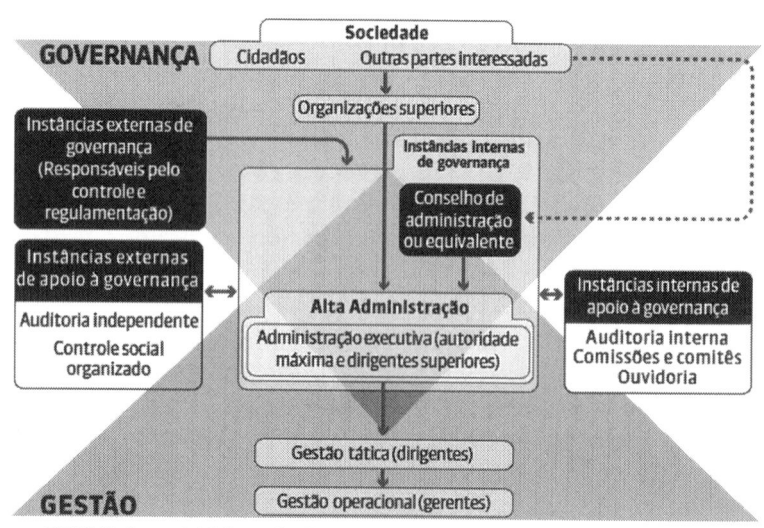

Figura 2 – Sistema de Governança em organizações públicas ou outros entes jurisdicionados ao TCU

[Figura: diagrama do Sistema de Governança do TCU, com as camadas GOVERNANÇA e GESTÃO. Sociedade (Cidadãos, Outras partes interessadas); Organizações superiores; Instâncias externas de governança (Responsáveis pelo controle e regulamentação); Instâncias internas de governança (Conselho de administração ou equivalente); Instâncias externas de apoio à governança (Auditoria independente, Controle social organizado); Alta Administração – Administração executiva (autoridade máxima e dirigentes superiores); Instâncias internas de apoio à governança (Auditoria interna, Comissões e comitês, Ouvidoria); Gestão tática (dirigentes); Gestão operacional (gerentes).]

Fonte: TCU, Referencial Básico de Governança Organizacional

Conforme explanam Teixeira e Corralo (2015), há uma forte correlação entre a democracia participativa, conselhos municipais e desenvolvimento sustentável.

De fato, a correta formação de estruturas de apoio à governança mediante conselhos municipais é a porta de entrada para a democracia participativa no âmbito dos municípios, provendo importantes elementos de governança para a administração municipal:

> A governança é fortemente alavancada através das diversas instâncias de participação popular, nas quais os conselhos municipais do meio ambiente são exemplos concretos. A instituição desses conselhos em nível local faz com que o governo e representantes da sociedade civil dialoguem e construam políticas consoante a sustentabilidade desenvolvimentista almejada. Além disso, permitem o controle das políticas municipais do meio ambiente.
>
> Neste diapasão, governança, participação popular e sustentabilidade imbricam-se para dar concretude ao Estado Democrático de Direito consubstanciado na Constituição de 1988. Uma efetiva governança ambiental local possui, nos conselhos municipais, um locus privilegiado para uma democrática gestão das políticas ambientais de competência da municipalidade. (Teixeira; Corralo, 2015, p. 273).

No bojo do papel e funcionamento dos conselhos municipais, surge a questão, bem colocada por Lüchmann (2007), sobre a representação no interior das experiências de participação, pois, de fato, representação e participação são dimensões do fenômeno democrático que se interpenetram e se influenciam mutuamente para a geração de posições democráticas de qualidade. A avaliação temática de riscos pode ser metodologicamente realizada aproveitando-se da estrutura de representação e participação dos diversos conselhos municipais, como os conselhos gestores, orçamentos participativos e outros conselhos, muito embora haja necessidade de intenso planejamento para o equilíbrio entre a necessidade de legitimação representativa e expertise dos componentes dos diversos conselhos.

O papel dos conselhos municipais na gestão de riscos pode ser o de acrescer a justificativa das gestões indicativas tendo em vista os riscos percebidos, em vez de apenas servirem para a captação de demandas. Tal prática poderia densificar as contribuições dos conselhos, que serviriam também na etapa de avaliação e monitoramento de riscos.

Observa-se, conforme nota Lüchmann (2007, p. 153), uma amplitude muito grande nos modelos de formação da representação e participação dos conselhos, que oscilam caso a caso "em uma única assembleia com a participação de diferentes atores e organizações sociais; por meio de fóruns setoriais de políticas públicas ou de assembleias, ou indicações de categorias profissionais".

O país se beneficiaria de uma normatização nacional para a regulação, obrigatória ou indicativa, da formação dos conselhos quanto à representação e participação, pois que possibilitaria a formação de reservas de expertise, *benchmarking* e avaliações comparativas.

O processo de avaliação de riscos a partir dos conselhos pode permitir que haja legitimidade a partir da racionalidade do processo avaliativo de riscos, sem que necessariamente tenha que haver uma representação eleitoral em bases políticas uniformes, fomentando, inclusive, a comparação entre as várias magnitudes atribuídas aos riscos nas relações entre os representados (Lüchmann, 2007, p. 165), provendo um interessante e valioso ponto de contato entre representantes, representados e a *accountability* entre ambos.

A correlação entre conselhos municipais, democracia participativa e desenvolvimento sustentável pode ser percebida quando se analisa a meta 11.3 dos Objetivos de Desenvolvimento Sustentável. Segundo o IPEA (2018), a citada meta é assim expressa:

Nações Unidas

Até 2030, aumentar a urbanização inclusiva e sustentável, e as capacidades para o planejamento e gestão de assentamentos humanos participativos, integrados e sustentáveis, em todos os países.

Brasil

Até 2030, aumentar a urbanização inclusiva e sustentável, aprimorar as capacidades para o planejamento, para o controle social e para a gestão participativa, integrada e sustentável dos assentamentos humanos, em todas as unidades da federação.

A meta citada envolve, portanto, urbanização inclusiva, sustentável, aumento da capacidade para planejamento, controle social e gestão participativa, integrada e sustentável das cidades.

Foram considerados como indicadores dessa meta 1) a razão da taxa de consumo do solo pela taxa de crescimento da população e 2) *a proporção de cidades com uma estrutura de participação direta da sociedade civil no planejamento e gestão urbana que opera de forma regular e democrática*. Não consta no sítio eletrônico do IPEA medições desses indicadores, mas deve-se admitir que essas medições são importantes.

O Estatuto da Cidade (Lei n. 10.257/2001), que estabelece diretrizes gerais da política urbana, reafirma um "direito a cidades sustentáveis". Sustentabilidade entendida como direito à terra urbana, à moradia, ao saneamento ambiental, à infraestrutura urbana, ao transporte e aos serviços públicos, ao trabalho e ao lazer, para as presentes e futuras gerações (Art. 2º, I). Quanto aos riscos, o Estatuto expressamente afirma que a ordenação e o controle de uso de solo pretendem evitar a exposição da população a riscos de desastres (Art. 2º, VI, h).

A governança para o atingimento dessa sustentabilidade, por sua vez, é referida como uma *gestão democrática por meio da participação da população e de associações representativas dos vários segmentos* da comunidade na formulação, execução e acompanhamento de planos, programas e projetos de desenvolvimento urbano; (Art 2º, II).

Acresça-se a cooperação intergovernamental e com a sociedade (Art. 2º, III) e práticas de planejamento estratégico corretivo (Art. 2º, IV).

Tudo interligado com o conceito de função social da propriedade, cuja formulação no normativo é:

Art. 39, *caput*.

Art. 39. A propriedade urbana cumpre sua função social quando atende às exigências fundamentais de ordenação da cidade expressas no plano diretor, assegurando o atendimento das necessidades dos cidadãos quanto à qualidade de vida, à justiça social e ao desenvolvimento das atividades econômicas, respeitadas as diretrizes previstas no art. 2º desta Lei.

O Estatuto da Cidade prevê a gestão democrática da cidade, que, por sua vez, é atingida com:

> Art. 43. Para garantir a gestão democrática da cidade, deverão ser utilizados, entre outros, os seguintes instrumentos:
> I – órgãos colegiados de política urbana, nos níveis nacional, estadual e municipal;
> II – debates, audiências e consultas públicas;
> III – conferências sobre assuntos de interesse urbano, nos níveis nacional, estadual e municipal;
> IV – iniciativa popular de projeto de lei e de planos, programas e projetos de desenvolvimento urbano;
>
> Art. 44. No âmbito municipal, a gestão orçamentária participativa de que trata a alínea f do inciso III do art. 4o desta Lei incluirá a realização de debates, audiências e consultas públicas sobre as propostas do plano plurianual, da lei de diretrizes orçamentárias e do orçamento anual, como condição obrigatória para sua aprovação pela Câmara Municipal.
>
> Art. 45. Os organismos gestores das regiões metropolitanas e aglomerações urbanas incluirão obrigatória e significativa participação da população e de associações representativas dos vários segmentos da comunidade, de modo a garantir o controle direto de suas atividades e o pleno exercício da cidadania.

O Estatuto da Cidade prevê os seguintes instrumentos de participação:

- Órgão colegiado municipal de política urbana
- Órgão colegiado estadual de política urbana
- Órgão nacional de política urbana
- Debates
- Audiências
- Consultas Públicas
- Conferências municipais sobre assuntos de interesse urbano
- Conferências estaduais sobre assuntos de interesse urbano
- Conferências nacionais sobre assuntos de interesse urbano
- Iniciativa popular de projeto de lei
- Iniciativa popular de planos
- Iniciativa popular de projetos de desenvolvimento urbano

O Conselho Municipal de Meio Ambiente do município de Cuiabá-MT, por exemplo, foi instituído pela Lei Complementar Municipal nº 328/2013 (Cuiabá, 2013). Dentre as diretrizes gerais e as atribuições, não se encontra expressamente referência à papel na avaliação de riscos, nem sugestão de metodologia, nem a formação de uma integração de avaliação de riscos no âmbito do Conselho.

A composição do Conselho Municipal de Meio Ambiente do município de Cuiabá-MT se dá com a presidência do Secretário Municipal de Meio Ambiente e mais 18 conselheiros, sendo nove representantes da Administração Pública Municipal e nove representantes da sociedade civil (dos campos da construção civil, entidades ambientalistas, instituição de ensino, OAB, CREA/MT, Conselho Regional de Arquitetura e representante do Ministério Público do Estado de Mato Grosso).

As atribuições do Conselho (art. 3º) mesclam natureza consultiva, propositiva e deliberativa, inclusive decidindo em última instância sobre recursos de penalidades.

Muitas análises poderiam ser feitas quanto à qualidade de governança da formação dos conselhos municipais de meio ambiente, das atribuições executivas, consultivas, normativas e deliberativas, bem como da composição e equilíbrio da formação do conselho, mas tais análises escapam ao escopo imediato deste trabalho.

Mas pode-se perceber que pouca ênfase é dada tanto no Estatuto da Cidade quanto nas leis municipais de instituição dos conselhos municipais, para o estabelecimento e continuidade de um processo de gestão de riscos municipais. Tampouco é tradição brasileira a criação de conselhos especializados na avaliação contínua de riscos para além daqueles relacionados com o risco de desastres.

Mesmo com relação aos instrumentos de planejamento urbano e gerenciamento de riscos, que são formas mais explícitas e independentes de gestão de riscos, constata-se que o Brasil ainda possui déficit de instrumentos de gestão.

Segundo o IBGE (2017), a pesquisa Munic 2017 pesquisou a existência dos instrumentos de planejamento e de gestão de risco ou fatores de prevenção, responsáveis por diminuir o grau de vulnerabilidade e aumentar a resiliência e a capacidade de resposta aos desastres. O resultado geral comparativo entre os anos de 2013 e 2017 revela dados que demonstram que, mesmo quando o fator "risco" é o objeto principal da estrutura municipal, os municípios falham no estabelecimento desses mecanismos:

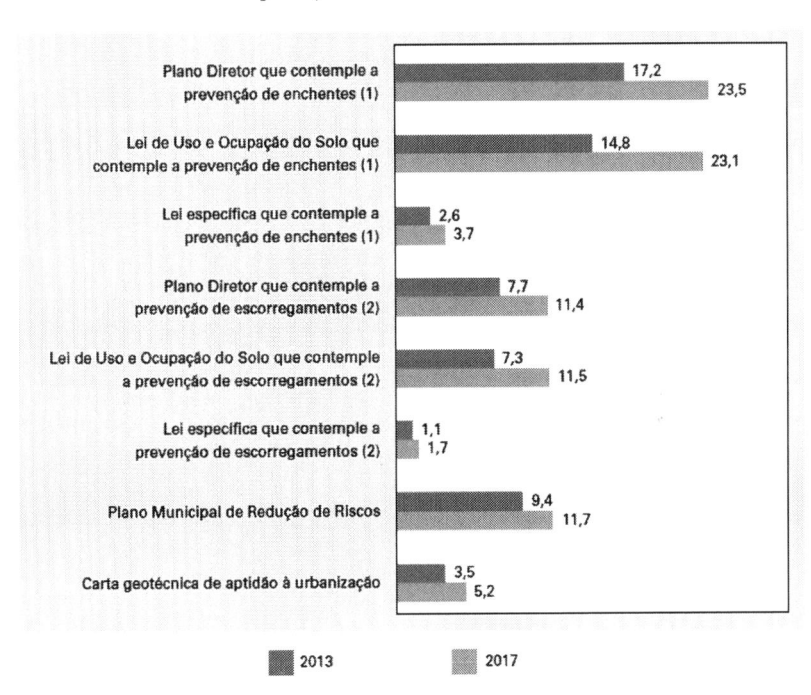

Gráfico 1 – Percentual de municípios por instrumento
de planejamento Brasil – 2013/2017

Instrumento	2013	2017
Plano Diretor que contemple a prevenção de enchentes (1)	17,2	23,5
Lei de Uso e Ocupação do Solo que contemple a prevenção de enchentes (1)	14,8	23,1
Lei específica que contemple a prevenção de enchentes (1)	2,6	3,7
Plano Diretor que contemple a prevenção de escorregamentos (2)	7,7	11,4
Lei de Uso e Ocupação do Solo que contemple a prevenção de escorregamentos (2)	7,3	11,5
Lei específica que contemple a prevenção de escorregamentos (2)	1,1	1,7
Plano Municipal de Redução de Riscos	9,4	11,7
Carta geotécnica de aptidão à urbanização	3,5	5,2

Fonte: IBGE. Perfil dos municípios brasileiros. Coordenação de População e Indicadores Sociais. Rio de Janeiro, 2017.

Embora se perceba uma melhora gradual no estabelecimento dessas estruturas de avaliação de riscos e políticas de resiliência, os dados do IBGE, que apenas demonstram a mera existência formal dos instrumentos, revelam por si só uma situação preocupante quanto à governança de riscos.

Pode-se inferir que estruturas ativas de avaliação de riscos, que demandam efetiva participação institucional e popular para seu funcionamento, são realmente raras em termos de Brasil, sem se falar na qualidade e densidade da governança de tais apoios à governança municipal.

No Brasil, são observadas formações de diversos conselhos municipais, obrigatórios ou facultativos, com os mais diversos objetivos e estrutura funcional.

Além dos órgãos colegiados de política urbana, que devem ocorrer em nível nacional, estadual e municipal e da gestão orçamentária participativa (Lei n. 10.257/2001 – Estatuto da Cidade), uma breve pesquisa na legislação aponta para a previsão de várias estruturas colegiadas municipais obrigatórias.

Em documento de 2014 disponível no portal do Tribunal de Contas do Estado,[29] listam-se nada menos do que 23 conselhos municipais no município de Cuiabá-MT.[30]

Conforme Saravia e Ferrarezi (2006, p. 151), os conselhos são canais de participação política, de controle público sobre a ação governamental, de deliberação legalmente institucionalizada e de publicização das ações do governo. São verdadeiros espaços de argumentação e podem interferir de forma significativa nas ações e metas dos governos e em seus sistemas administrativos, provendo, dentre outros insumos, *accountability* societal.

A gestão participativa, mesmo que segmentada, é fomentada e praticada nos conselhos municipais, pois geralmente são escolhidos por algum método que permita que haja representação de determinado segmento, interesse, profissão ou população e sejam colhidas manifestações de representantes sobre atos, políticas, projetos ou outro tipo de demanda que se beneficie da gestão, legitimidade e *accountability* geradas pelo conselho municipal instalado.

---

[29] Documento disponível em: https://sic.tce.mt.gov.br/47/home/download/id/39014.
[30] CONSELHO MUNICIPAL DE ALIMENTAÇÃO ESCOLAR
CONSELHO MUNICIPAL DE ASSISTÊNCIA SOCIAL
CONSELHO MUNICIPAL DE CULTURA
CONSELHO MUNICIPAL DE DEFESA DO CONSUMIDOR
CONSELHO MUNICIPAL DE DEFESA DOS DIREITOS DA PESSOA IDOSA
CONSELHO MUNICIPAL DE DESENVOLVIMENTO ESTRATÉGICO
CONSELHO MUNICIPAL DE DESPORTO E RECREAÇÃO
CONSELHO MUNICIPAL DOS DIREITOS DA CRIANÇA E DO ADOLESCENTE
CONSELHO MUNICIPAL DOS DIREITOS DA MULHER
CONSELHO MUNICIPAL DOS DIREITOS DA PESSOA COM DEFICIÊNCIA
CONSELHO MUNICIPAL DE EDUCAÇÃO
CONSELHO MUNICIPAL DO FUNDEB
 CONSELHO GESTOR DO FUNDO MUNICIPAL DE HABITAÇÃO DE INTERESSE SOCIAL
CONSELHO GESTOR MUNICIPAL DE REGULARIZAÇÃO FUNDIÁRIA URBANA
CONSELHO MUNICIPAL DE MEIO AMBIENTE
CONSELHO MUNICIPAL PARTICIPATIVO AMAES
CONSELHO MUNICIPAL DE POLÍTICAS PÚBLICAS SOBRE DROGAS
COMISSÃO PRÓ-CUIABÁ
CONSELHO MUNICIPAL DE SAÚDE
CONSELHO SUPERIOR DA PROCURADORIA GERAL DO MUNICÍPIO
CONSELHO MUNICIPAL DE TRABALHO
CONSELHO MUNICIPAL DE TRANSPORTE
CONSELHO MUNICIPAL DE TURISMO

No que toca à governança de riscos, todavia, os conselhos municipais não são operacionalizados expressamente com esse objetivo. Há inúmeras possibilidades em atribuir ao menos a etapa de identificação e avaliação de riscos aos diversos conselhos municipais, transformando a atuação dos conselhos em sensores captadores de possíveis eventos de risco que possam influenciar, positiva ou negativamente, nos objetivos das políticas públicas que se inserem dentro do âmbito de atuação desses conselhos. Seria relevante do ponto de vista da educação para a governança, e mesmo para uma efetiva geração de *accountability*, que os *conselhos municipais* recebessem ao menos a *função* de *identificação*, *avaliação contínua* e *proposição de possíveis tratamentos* dos riscos das diversas políticas públicas. Os eventos de riscos seriam, assim, insumos a motivar e justificar diversas ações administrativas, leis locais e mesmo políticas públicas, que seriam também avaliadas quanto à mitigação ou não de riscos. Tais providências de gestão participativa certamente aumentariam a densidade da governança municipal.

Uma educação ampla para a abordagem dos riscos, suas técnicas e maneiras de abordagem deveriam ser providenciadas como precondição para a consecução da gestão democrática da cidade, visto que sem os instrumentos de recorte e ordenação da realidade será contraproducente a participação popular desordenada, não em seus instrumentos gerais, mas na coordenação fina do mecanismo de análise e deliberação da participação popular.

Observa-se, em alguns casos, conforme apontam as análises concretas feitas por Rodovalho *et al.* (2019) e Nepomuceno e Dias (2018), que, apesar de boas iniciativas em nível municipal, a participação democrática não se consolidou, apesar de pontuais participações mais ou menos intensas. Tal fato está a demonstrar que a falta de um processo interno às cidades e suas instituições, com metodologia definida em termos de técnica de identificação da realidade, sua avaliação, a magnitude dos impactos, a priorização dos recursos e tudo o mais que a gestão de riscos proporciona impactam a sustentabilidade da própria participação democrática.

Sem que haja uma "forma" previamente conhecida para a participação popular e sem que haja a demonstração de que tal participação popular resultará em um efeito real na definição de políticas e priorizações municipais, será muito difícil a criação de vontade de participação democrática nas cidades.

A prática comunicativa da gestão de riscos pode aumentar o entendimento dos problemas locais e pode incentivar a participação dos citadinos na identificação dos riscos e na priorização dos recursos empregados na mitigação dos riscos.

É certo que uma participação ativa, regular e ampla na avaliação de riscos pela população local encontra forte resistência na realidade social: se grande esforço individual é gasto apenas para o suprimento de necessidades básicas da vida, como a alimentação e moradia mínima, como o cidadão reservará recursos de tempo e acesso à interface de participação?

Assim, recursos deverão ser alocados para a busca ativa dos cidadãos moradores das cidades, provendo consulta direta ativa (visita aos lares, às empresas e aos ambientes de concentração), de modo que a participação seja oportunizada como forma de influência substantiva dos cidadãos nos diversos conselhos municipais e também como forma de educação cívico-eleitoral.

Essa *busca ativa pela oportunização da participação da população na identificação e avaliação dos seus riscos* e políticas é questão essencial, conforme Sen (2000, p. 132).

A questão da discussão pública e participação social é, portanto, central para a elaboração de políticas em uma estrutura democrática. O uso de prerrogativas democráticas – tanto as liberdades políticas como os direitos civis – é parte crucial do exercício da própria elaboração de políticas econômicas, em acréscimo a outros papéis que essas prerrogativas possam ter. Em uma abordagem orientada para a liberdade, as liberdades participativas não podem deixar de ser centrais para a análise de políticas públicas.

Sem que a participação democrática local e real seja abordada e buscada de forma ativa pela Administração Pública, a Governança das cidades ficará restrita à percepção daqueles que já exercem influência na defesa de interesses além dos riscos que realmente impactam toda uma massa que, sem instrumentos corretos e acessíveis, continuará desordenada e muda.

O efeito da participação não exerce efeito apenas imediato, mas na própria formação e valores dos cidadãos. Conforme concluiu Sen (2000, p. 187, grifo nosso):

> Discussões e debates públicos, permitidos pelas liberdades políticas e os direitos civis, também podem desempenhar um papel fundamental na **formação de valores**. Na verdade, **até mesmo a identificação de necessidades é inescapavelmente influenciada pela natureza da participação e do diálogo públicos**. Não só a força da discussão pública é um dos correlatos da democracia, com um grande alcance, como também

seu cultivo pode fazer com que a própria democracia funcione melhor. Por exemplo, a discussão pública mais bem fundamentada e menos marginalizada sobre questões ambientais pode ser não apenas benéfica ao meio ambiente, como também importante para a saúde e o funcionamento do próprio sistema democrático. Assim como é importante salientar a necessidade da democracia, também é crucial salvaguardar as condições e circunstâncias que garantem a amplitude e o alcance do processo democrático. Por mais valiosa que a democracia seja como uma fonte fundamental de oportunidade social (reconhecimento que pode requerer uma defesa vigorosa), existe ainda a necessidade de examinar os caminhos e os meios para fazê-la funcionar bem, para realizar seus potenciais. A realização da justiça social depende não só de formas institucionais (incluindo regras e regulamentações democráticas), mas também da **prática efetiva**.

Mesmo que a participação na gestão democrática seja por meio de conselhos representativos, estes devem ser formados de tal forma que haja uma representação razoável das diferentes populações que vivem na cidade, das várias situações socioeconômicas e dos interesses setoriais envolvidos. Deve haver a formação de uma espécie de *constituency link*, ou representatividade de base, para que haja um fluxo de informações e *accountability* pelos direcionamentos influenciados por esses conselhos, reuniões ou assembleias.

Não será exagero ponderar que para cada grande área temática (como ordenação urbana, saúde, educação, mobilidade, resiliência a desastres) deve haver a designação democrática e formal de representantes de segmentos ou circunscrições específicos para a identificação e avaliação de riscos, bem como para o acompanhamento de como os riscos são abordados e mitigados. Uma tal estrutura perene e dinâmica permitirá que os registros dos riscos sejam elaborados, analisados e abordados com maior grau de concretude e de legitimidade democrática.

Conselhos temáticos de identificação e avaliação de riscos, portanto, é prática salutar e tecnicamente viável, com elevado ganho democrático e educacional, que poderá influenciar positivamente as políticas municipais, as priorizações estratégicas e criar maior *accountability* sobre as políticas e gastos públicos.

As práticas participativas de identificação e avaliação de riscos devem, inclusive, permear os contratos públicos e a gestão de pessoas da administração pública, visto que os recursos arrecadados são majoritariamente empregados nessas duas grandes fontes de realizações e gastos públicos.

Retomar a participação democrática na gestão participativa (e eficiente) dos riscos é importante também para combater a "apatia política", sobre a qual se refere Bobbio (2004, p. 64, grifo nosso).

A ilusão jurídico-institucional do século passado consistia em crer que o sistema político fosse ou autossuficiente (e, portanto, gozasse de certa independência em face do sistema social global), ou fosse ele mesmo o sistema dominante (e, portanto, que bastasse buscar remédios aptos a controlar o sistema político para controlar, com isso, o sistema de poder da sociedade como um todo). Hoje, ao contrário, estamos cada vez mais conscientes de que o sistema político é um subsistema do sistema global, e de que o controle do primeiro não implica absolutamente o controle do segundo. Dos quatro remédios de que falamos no item anterior, o que parecia mais decisivo, o quarto (ou o controle a partir de baixo, o poder de todos, a democracia participativa, o Estado baseado no consenso, a realização no limite do ideal rousseauísta da liberdade como autonomia), é também aquele para o qual se orientam, com particular intensidade, as formas mais recentes e mais insistentes de contestação.

Quando comparada à democracia de inspiração rousseauísta, com efeito, a participação popular nos Estados democráticos reais está em crise por pelo menos três razões: a) a participação culmina, na melhor das hipóteses, na formação da vontade da maioria parlamentar; mas o parlamento, na sociedade industrial avançada, não é mais o centro do poder real, mas apenas, frequentemente, uma câmara de ressonância de decisões tomadas em outro lugar; b) mesmo que o parlamento ainda fosse o órgão do poder real, a participação popular limita-se a legitimar, a intervalos mais ou menos longos, uma classe política restrita que tende à própria autoconservação, e que é cada vez menos representativa; c) também no restrito âmbito de uma eleição una tantum sem responsabilidades políticas diretas, a participação é distorcida, ou manipulada, pela propaganda das poderosas organizações religiosas, partidárias, sindicais, etc. A participação democrática deveria ser eficiente, direta e livre: a participação popular, mesmo nas democracias mais evoluídas, não é nem eficiente, nem direta, nem livre. **Da soma desses três déficits de participação popular nasce a razão mais grave de crise, ou seja, a apatia política**, o fenômeno, tantas vezes observado e lamentado, da despolitização das massas nos Estados dominados pelos grandes aparelhos partidários. A democracia rousseauísta ou é participativa ou não é nada.

Ao formar conselhos municipais com funções identificativas, avaliativas e propositivas em relação aos riscos, é possível reforçar, de certa forma, a ideia de democracia participativa, combatendo a apatia política, tão perniciosa, pois que tende a liberar, ou incentivar, os representantes (agentes) a desviarem poder e recursos pelos quais os populares (o principal) não estão, eles mesmos, interessados.

Será também salutar que, na formação dos conselhos, se insiram elementos de representação territorial (distritos), visto que, geralmente, as grandes questões objeto de influência/gestão por parte dos conselhos não se apresentam de modo uniforme nos municípios/cidades. As questões ambientais, por exemplo, variam conforme se trata de áreas centrais da cidade, áreas periféricas ou áreas rurais, podendo também variar muito a depender de setores dentro dessas áreas. Representantes distritais nos conselhos, que passariam a ter função de avaliação ou gestão de riscos, podem acrescer elementos que tendem a aumentar a acurácia na identificação dos eventos de risco, podem aumentar a *accountability* mediante os riscos identificados e podem ter efeitos educacionais importantes, ao combater a apatia política.

O processo de participação popular, que começara com a permeabilização de "grupos urbanos na administração real" na Idade Média (Elias, 1990, p. 236), precisa seguir adiante e valer-se das novas tecnologias de comunicação cada vez mais ubíquas e acessíveis. A identificação e avaliação de riscos neste contexto já é um bom desenvolvimento da participação democrática para além da simples escolha de mandatários.

A própria Lei de Introdução às normas do Direito Brasileiro (Decreto-Lei nº 4.657, de 4 de Setembro de 1942), na redação que lhe deu a Lei nº 13.655, de 2018, abre o sistema para que a autoridade administrativa proceda consulta pública para manifestação de interessados, preferencialmente por meio eletrônico (art. 29). Nada impede, aliás, tudo aconselha, que essa manifestação possa conter elementos de avaliação de riscos, escolha de modelos e opções de tratamento de riscos e manifestação sobre a priorização das ações.

Será saudável deferir cada vez mais aos moradores da cidade uma participação ativa na formação dos critérios administrativos, ou, conforme quer Alexy (2009, p. 585), discricionariedade para definir objetivos, escolher meios e, finalmente, sopesar.

CAPÍTULO 4

HABILITAÇÃO E PRÁXIS DA GESTÃO PARTICIPATIVA DE RISCOS NAS CIDADES

Serão abordadas agora algumas das funções que a gestão participativa de riscos pode assumir num contexto de governança democrática. Serão tangenciadas as funções de comunicação, de sopesamento (discricionariedade), normativa (política interna) e processual. Serão feitas breves considerações sobre o processo de avaliação de riscos e do papel do sistema de controle interno municipal na promoção da sistemática em âmbito local. Ultima-se o trabalho com considerações sobre aspectos de justiça levantados pela gestão de riscos locais em sociedade democrática.

4.1 Gestão de riscos como forma de comunicação

Em última análise, tendo em vista que, para a percepção de possíveis eventos de risco (fatores que podem trazer distúrbios à consecução de objetivos), é necessária a aposição de "sensores" com função específica de perceber o contexto e adiantar-se aos eventos (relembre-se a importância do observador, em Luhmann), a gestão e a própria governança de riscos é espécie de comunicação das percepções sensoriais de riscos para as instâncias responsáveis pela decisão de reação.

Em Luhmann (1983; 1993) temos uma complexa explanação do papel central da comunicação na teoria dos sistemas, e observamos o papel também central da percepção e comunicação dos riscos nos diversos sistemas, sejam eles políticos ou de outras naturezas. A identificação e classificação dos riscos pelas estruturas especializadas dos sistemas é fenômeno comunicativo, e, como tal, assume papel central na autopoiese. Na visão luhmanniana, risco é uma questão complexa, envolvendo atribuição múltipla de sentidos e interpretação de situações como risco/perigo, e sobre quem decide essa atribuição, fazendo incidir também a distinção entre os tomadores de decisão e as partes afetadas (observação de segunda ordem), trazendo uma relação de *accountability* a partir do fato de que os observadores observam que estão sendo observados (Luhmann, 1993, p. 220). A complexidade do sistema é aumentada pelo aumento da informação e percepção dos riscos, e o fato de que os observadores observam e são observados faz com que um ambiente de hipercomplexidade seja estabelecido.

Não há dúvida, portanto, de que os elementos de gestão de riscos, tanto nas organizações públicas quanto nas organizações privadas, estão relacionados com um processo de comunicação, em que as percepções sobre a realidade (presente e uma provável realidade futura) são comunicadas e inseridas numa busca de racionalidade. No caso de um estado democrático, o processo de sensibilidade a riscos é estabelecido de modo contínuo, pela eleição de representantes. Tais arranjos de democracia representativa, pilares da organização da sociedade, deveriam estabelecer outras formas de participação popular no processo de sensibilidade e resposta a riscos, como meios de reforço da governança democrática e de exercício mais pleno da soberania popular.

A gestão de riscos, portanto, pode e deve ser vista como um processo de comunicação,[31] como expressão de percepções e espaço predeterminado para formação de consenso e de geração de *accountability* pelas atribuições feitas à importância que se dá aos riscos e pela forma de tratamento escolhida e executada. A abordagem de riscos trata-se, por certo, de uma espécie de linguagem, numa comunicação em que os participantes conseguem entender, aquilatar, criar consenso, superar e lidar com diferentes percepções da realidade coletiva.

A posição da abordagem e processo de gestão e governança de riscos em um ambiente democrático aproxima-se da abordagem que Habermas (1989) faz de um "agir comunicativo". Ao passo que o processo de gestão de riscos contribui para o estabelecimento de contextos, dimensionamento de percepções, perspectivas e entendimento de decisões, o processo acaba por contribuir para o entendimento mútuo enquanto "mecanismo de coordenação de ações":

---

[31] Referimo-nos a um processo de comunicação em âmbito diferente daquela etapa chamada de "comunicação" inerente aos *frameworks* de gestão de riscos tais como o COSO e a ISO 31.000. Trata-se de uma comunicação pertencente à própria estrutura, sentido, legitimidade e dinâmica da governança.

O entendimento mútuo enquanto mecanismo da coordenação de ações:
– O conceito do agir comunicativo está formulado de tal maneira que os atos do entendimento mútuo, que vinculam os planos de ação dos diferentes participantes e reúnem as ações dirigidas para objetivos numa conexão interativa, não precisam de sua parte ser reduzidos ao agir teleológico. Os processos de entendimento mútuo visam um acordo que depende do assentimento racionalmente motivado ao conteúdo de um proferimento. O acordo não pode ser imposto à outra parte, não pode ser extorquido ao adversário por meio de manipulações: o que manifestamente advém graças a uma intervenção externa não pode ser tido na conta de um acordo. Este assenta-se sempre em convicções comuns. A formação de convicções pode ser analisada segundo o modelo das tomadas de posição em face de uma oferta de ato de fala. O ato de fala de um só terá êxito se o outro aceitar a oferta nele contida, tomando posição afirmativamente, nem que seja de maneira implícita, em face de uma pretensão de validez em princípio criticável.

Assim, é salutar os protocolos de comunicação e as possibilidades comunicativas estabelecidas pelos processos formais de gestão de riscos em quaisquer sistemas, ainda com mais razão em um sistema de democracia participativa.

Dessa forma, a gestão de riscos, suas formulações, discussões, tabelas e consensos devem ser tratados, precipuamente, como forma de comunicação no ambiente democrático local, como parte da comunicação visando à gestão participativa. O processo de gestão de riscos pode e deve ser encarado como linguagem cujas palavras são resultado de captações sensíveis de percepções de risco que devem "irritar" o sistema no sentido de exigir-lhe reações apropriadas com o conjunto constitucional e legal de objetivos estabelecidos, propiciando possibilidade de controle de racionalidade, objetividade, eficiência e legitimidade da utilização de recursos públicos pelos gestores.

4.2 Gestão de riscos e proporcionalidade

Toda ação estatal motivada pela proteção/atingimento de objetivos e valores a partir do raciocínio peculiar de prevenção/precaução contra eventos e riscos pode ser analisada, também, quanto à sua proporcionalidade, ou seja, quanto à adequação entre meios e fins do raciocínio de sopesamento utilizado como motor do ato/ação. Quando se trata de direitos fundamentais e direitos humanos colidentes/contrapostos, a análise de proporcionalidade surge com muito mais força e importância.

Esse assunto nos leva naturalmente a Alexy (2008) e sua Teoria dos Direitos Fundamentais. Devem ser feitos, antes de pretender fazer a aplicação da Teoria dos Direitos Fundamentais de Alexy para a gestão de riscos, alguns ajustes metodológicos e distinções.

Primeiro quanto à quantificação e à comparação entre as magnitudes, tanto quanto à importância fática dos valores (em Alexy) quanto da magnitude de um determinado risco identificado e comparado com outros riscos. Como coloca o próprio Alexy (2008, p. 162):

> É questionável a possibilidade de atribuir valores hierárquicos abstratos a cada um dos valores ou princípios. De qualquer forma, parece estar excluída uma atribuição intersubjetiva inequívoca de números para as intensidades de realização.

> Não é possível inferir um resultado a partir de uma quantificação fixa; no máximo, é possível ilustrar de forma quantitativa a decisão, independentemente de como se tenha chegado a ela. A concepção de uma hierarquia de valores que trabalhe com escalas cardinais fracassa, portanto, diante dos problemas da metrificação dos pesos e das intensidades de realização dos valores ou princípios.

Dessa forma, deve-se reconhecer que, mesmo nas ponderações realizadas utilizando-se o método da proporcionalidade conforme proposto por Alexy, o valor do método está mais para um instrumento de comunicação das posições e ponderações do que propriamente na substância da magnitude das atribuições de pesos e valores.

O processo de gestão de riscos, da mesma maneira, deve ser encarado e utilizado como instrumento de comunicação para que se tenha base comum na identificação de riscos, na comparação dos riscos com outros em um mesmo contexto ou em contextos diferentes, sem que se atribua rigidamente importância fixa a eventuais esforços comparativos produzidos no processo.

Deve-se reconhecer também que não há diferença entre o silogismo do raciocínio aplicado quando se analisam os eventos de riscos identificados em um contexto perante um objetivo qualquer, e o silogismo realizado utilizando-se a máxima da proporcionalidade, pois que estarão presentes, invariavelmente, os raciocínios parciais de adequação, de necessidade e de sopesamento prático (proporcionalidade em sentido estrito).

Após a identificação de um evento de risco que pode afetar determinado objetivo (fundamental, institucional ou outro objetivo), a tomada de decisão para o tratamento do risco (ações de aceitação, mitigação ou tratamento posterior) reclama uma tomada de decisão de comparação entre aquele evento de risco e o custo de seu tratamento. A aplicação de recursos no tratamento de um determinado risco implica, quase que necessariamente, uma decisão que resulta no tratamento de outros riscos, identificados ou não, e a ação de tratamento terá também efeitos que podem gerar alguma restrição de liberdade ou atingir direitos diversos.

Podemos, inclusive, chegar a uma lei de mandamento de otimização na gestão de riscos, que terá função paralela àquela relacionada aos princípios como mandados de otimização na proporcionalidade alexyana. Os objetivos, valores, e mesmo princípios protegidos pela gestão de riscos, serão feitos na medida de uma otimização dentro de um sopesamento realizado ante um contexto fático, de modo que outros objetivos, valores ou princípios sejam concomitantemente protegidos em seu grau máximo.

Pela própria natureza dos riscos (situações potencialmente perturbadoras de objetivos), não se poderá jamais assumir uma abordagem dual (mitigação total/não mitigação), parecida com a natureza atribuída às regras por Dworkin (2007), mas as ações de mitigação de riscos se enquadrarão melhor à ideia de promover a gestão dos riscos para uma otimização de determinado objetivo, que deve coexistir em grau variado com outros objetivos e tratamentos de riscos. Identificado um risco, portanto, não será tão apropriado falar-se em validade ou não de determinado exercício de identificação ou das ações de mitigação, mas a questão será colocada muito mais no âmbito de otimização dos recursos para a mitigação dos riscos aos objetivos concomitantemente buscados. A gestão de riscos, nesse caso, assume função argumentativa e comunicativa.

Diante de possível evento de risco não se falará em inação ou mitigação total do risco, mas apenas em um tratamento proporcional ao contexto e probabilidade do risco identificado, bem como perante o próprio objetivo perseguido, que não pode ser autofagicamente impedido pela gestão dos riscos.

Steinmetz (2000, p. 198, 199), ao defender certa superioridade na densidade do princípio da proporcionalidade segundo Alexy ante o princípio da razoabilidade na hipótese de colisão de direitos fundamentais, assevera que "os princípios parciais da adequação (meio *versus* fim), da exigibilidade (meio *versus* meio) e proporcionalidade em sentido estrito (meio *versus* fim) funcionam como indicadores de 'mensuração', de controle".

De fato, o produto de uma boa e expressa ponderação oportunizada pela gestão de riscos é um melhor "controle", facilitando o processo comunicativo e a *accountability* do ato de gestão/governança.

Uma possível adaptação da "otimização" na gestão de riscos seria apropriadamente formulada no sentido de que determinado risco será mitigado até onde sua mitigação não impactar na exposição a outros riscos a outros importantes objetivos, ou mesmo até onde não impedir o próprio alcance do objetivo almejado.

Acresça-se aí o peso da proporcionalidade na gestão de riscos na formação da discricionariedade do Administrador Público quando da escolha de uma ou outra ação ou política pública para a mitigação de um risco a um ou mais objetivos.

É certo que a mitigação primária de riscos sociais em determinado estado democrático é feita pelo Poder Legislativo, que possui uma discricionariedade constitucionalmente conferida e conformada. Conforme Alexy (2008, p. 584-585), "aquilo que as normas de uma constituição nem obrigam nem proíbem é abarcado pela discricionariedade estrutural do legislador", sendo que há "três tipos de discricionariedade estrutural: a discricionariedade para definir objetivos, a discricionariedade para escolher meios e a discricionariedade para sopesar".

Na teoria dos riscos aqui apresentada a discricionariedade para definir objetivos é de suma importância, pois que daí nasce quaisquer possíveis gestões dos riscos, pois que geralmente os objetivos fixados são "de interesse coletivo" (Alexy, 2008, p. 586).

Quanto à escolha de meios, componente da discricionariedade estrutural, vem à tona a exigência de ações positivas (Alexy, 2008, p. 586). As opções possíveis para a ação positiva é o que se refere por discricionariedade na escolha dos meios, e esse tipo de discricionariedade é muito bem exemplificada nas diversas opções de mitigação de riscos dentre as quais poderia se valer o legislador ou gestor público. Esse tipo de discricionariedade encontra-se comumente na etapa de análise e avaliação de riscos, onde são identificadas diversas possibilidades de abordagem específicas do risco.

A discricionariedade para sopesar, ou seja, julgar se há, no critério, respeito às três máximas parciais da ponderação (adequação, necessidade e proporcionalidade em sentido estrito) se encaixa, também, nas ponderações necessárias à avaliação de riscos, em uma maneira bem análoga à forma feita quando do julgamento em que se observa colisão de direitos fundamentais.

Esse sopesamento que visa à otimização se aproxima a um ponto ótimo ao estilo "Ótimo de Pareto", ou seja, riscos devem ser mitigados até que não haja mais possibilidade de mitigá-los sem que outros riscos sejam aumentados ou que outros objetivos sejam prejudicados (Domingues, 2016, p. 38). Esse conceito, emprestado da Economia pela Análise Econômica do Direito, é muito útil no processo de análise das opções fáticas apresentadas como possibilidades de tratamento diante dos cenários apresentados.

Como a gestão de riscos envolve escolhas feitas em situações de alocação de recursos limitados, pode-se considerar que equivale a uma escolha "econômica", que certamente envolve um *trade-off* entre as diversas formas de tratamento de determinado risco identificado e possui seu *custo de oportunidade*.[32]

Contudo, diferentemente do que ocorre com o "Mercado", a seara da administração pública não tende naturalmente a uma conduta racional maximizadora (devido às assimetrias informacionais e conflitos de agência), dependendo inteiramente de forças advindas da governança democrática para que haja uma "mão" não tão invisível assim que obrigue o sistema a perseguir uma equação de alocação de recursos *versus* mitigação dos riscos "certos" tendo em vista a coletividade. Os mecanismos a serem empregados incluem aqueles já previstos no ordenamento (ex.: controle interno aos poderes, auditorias, controle externo), mas devem incluir também mecanismos de *accountability* social e participação popular na própria avaliação e escolha das estratégias de gerenciamento dos riscos.

Importante destacar, também, instrumentos normativos de "discriminação positiva", ou "discriminação reversa", como cotas e alocações especiais de recursos, que são, em última instância, formas de identificação de riscos estruturais em determinadas populações e alocação de recursos de forma a tratar os riscos aos quais estas estão expostas de maneira maximizada em comparação a populações expostas a menos riscos. Ou seja, o desenho de uma política pública de cotas passa, num primeiro momento, pela identificação dos riscos de determinada população (estudantes pobres, p. ex.); então, definem-se critérios de risco (quantidade de renda familiar, p. ex.) e o tratamento aos riscos (alocação do recurso de uma maneira que o acesso não seja impedido pela condição de pobreza). A proporcionalidade e a racionalidade no tratamento de riscos tratados com discriminações positivas precisam exsurgir na medida em que a sociedade não pode ser afetada com a

---

[32] Segundo Gico Jr. (2016, p. 21), "toda escolha pressupõe um custo, um *trade-off*, que é exatamente a segunda alocação factível mais interessante para o recurso, mas que foi preterida. A esse custo chamamos de custo de oportunidade".

seleção de estudantes totalmente despreparados educacionalmente para assimilar o conhecimento e as habilidades necessárias ao exercício de determinada profissão, em caso de cotas educacionais, o que traz à baila discussões sobre o apetite a risco dessa política.[33]

O atingimento de uma "Pareto-eficiência" na alocação de recursos para a mitigação de riscos deve ser um objetivo subjacente a toda avaliação de riscos em um sistema de governança democrática, sendo que essa relação de eficiência deve ser buscada tendo os macro-objetivos da República (listados no art. 3º da Constituição) como Norte principal, visto que apenas a perseguição desses objetivos pode legitimar escolhas públicas que impliquem a alocação de recursos públicos. Por óbvio que esse equilíbrio está diretamente relacionado com a justiça distributiva, visto que a não mitigação de riscos sistêmicos referentes a populações mais expostas a eles apresentará situação injusta e, portanto, juridicamente inválida.

Da mesma forma, uma abordagem ampla, proporcional e bem sopesada da gestão dos riscos é necessária para que a própria gestão de risco não amplifique outros riscos de maneira que a exposição geral aos riscos fique em pior situação depois da intervenção. A situação é bem ilustrada por Sunstein e Holmes (2019, p. 1795, grifo nosso):

> Na proteção ambiental, cada vez mais se presta atenção ao fenômeno da "troca de um problema por outro", que ocorre quando a regulação de um risco acaba criando outro risco. Uma **abordagem absolutista ou exclusivista, voltada para um risco específico, pode acabar aumentando o risco total ou agregado.** Tome-se como exemplo o interesse de combater a poluição por dióxido de enxofre, interesse esse que certamente não é trivial: se ele fosse tratado como um direito absoluto, o resultado seria uma série de novos problemas sociais e inclusive ambientais; talvez a eliminação do dióxido de enxofre levasse ao uso de substitutos mais nocivos ou criasse problemas graves de destinação de resíduos. É inevitável que os recursos direcionados para alguns problemas não sejam direcionados para outros; o governo que canaliza a maior parte de seus recursos ambientais para a limpeza de lixões tóxicos vai se ver sem um centavo para proteger a limpeza do ar e da água. A proteção exclusiva contra um risco ambiental de alto destaque pode comprometer interesses ambientais maiores e de prazo mais longo. Uma proteção agressiva contra o risco de acidentes em usinas nucleares pode aumentar o preço e diminuir a oferta da energia elétrica gerada por tais usinas, aumentando assim a dependência dos combustíveis fósseis, que criam

---

[33] Para melhor entendimento das discriminações reversas sob uma ótica da Análise Econômica do Direito, *vide* Posner (1981, p. 351 e seguintes).

seus próprios problemas ambientais. Uma atitude que nega toda concessão e toda solução de meio-termo produzirá, portanto, confusão e arbitrariedade e poderá, no fim, trabalhar contra os próprios direitos que pretenderia promover.

Ao fim e ao cabo, essa análise de custo-benefício realizada contextualmente diante de objetivos que devem ser coordenadamente balanceados (ponderados) se assemelha à análise de proporcionalidade que também pode ser feita no controle de políticas públicas, inclusive na gestão de riscos.

4.3 Políticas de gestão de riscos

É essencial que haja um posicionamento geral das organizações sobre como abordarão os riscos inerentes às suas atividades. A definição de papéis e responsabilidades é de suma importância em processos comunicativos. Quem deve fazer avaliação de riscos, e quando esta deve ser feita para subsidiar quais decisões?

Devido a uma cobrança cada vez mais intensa dos órgãos de controle externos aos municípios, estes passaram a definir formalmente suas políticas e gestão de riscos, definindo alguns referenciais e adotando as técnicas básicas de avaliação de riscos.

Uma política de gestão de riscos estabelecida é o lançamento de uma primeira base de comprometimento e liderança quanto à abordagem séria de gestão de riscos, geralmente referida como "tom do topo", visto que:

> (...) os gestores das organizações públicas são a autoridade máxima no estabelecimento dos sistemas de controle interno, e a forma como se expressam quanto à importância dos controles tem impacto na sua efetividade. A expressão de um tom positivo e comprometido em relação a controles internos e a importância do monitoramento envolvem questões como a comunicação de suas expectativas e a adoção de ações específicas a elas relacionadas. (Bliacheriene, 2016. p. 331).

Tanto o Poder Executivo municipal quanto o Poder Legislativo devem estabelecer suas políticas de gestão de risco (intenções e diretrizes gerais), que, como conteúdo, podem ter os contornos relacionados pela ISO 31000:3009 (ABNT, 2018, p. 7), afirmando seu comprometimento contínuo com a gestão de riscos e incluindo em seu conteúdo no mínimo:

- o propósito da organização para gerenciar riscos e vínculos com seus objetivos e outras políticas;
- reforçar a necessidade de integrar a gestão de riscos na cultura global da organização;
- liderar a integração da gestão de riscos nas atividades principais do negócio e na tomada de decisão;
- autoridades, responsabilidades e responsabilizações;
- tornar disponíveis os recursos necessários;
- a maneira pela qual os objetivos conflitantes são tratados;
- medição e relato no âmbito dos indicadores de desempenho da organização;
- análise crítica e melhoria.

Dos itens mencionados anteriormente, a definição das autoridades e responsabilidades, bem como a disponibilização de recursos necessários são os principais fatores que movem a gestão de riscos em nível organizacional.

Convém que, na gestão municipal, a política de gestão de riscos seja inserta em nível de Lei Orgânica (Poder Executivo) e Regimento Interno (Câmara Municipal), com um regular funcionamento de uma auditoria interna que tenha por função principal a avaliação da gestão de riscos, sua efetividade e operacionalização.

Uma forma mais moderna de organizar a gestão de risco é a divisão dos âmbitos de atuação em "linhas de defesa", em que uma primeira linha age operacionalmente contra os riscos, mediante controles internos implantados *ad hoc* contra os riscos, uma segunda linha age estabelecendo controles de níveis mais administrativos e gerais, como controles financeiros, orientação da gestão de riscos da primeira linha, conformidade e segurança, e uma terceira linha composta pela estrutura de auditoria interna, independente e focada na avaliação da gestão de riscos posta em andamento (The IIA, 2013).

4.4 O processo de avaliação de riscos

Um processo de gestão de riscos é uma forma de definição de etapas sequenciais em que as atividades relacionadas com identificação, análise, avaliação e tratamento de riscos ocorrem de forma a facilitar a sincronização e comunicação das atividades realizadas nos âmbitos da governança e da gestão.

O processo clássico de gestão de riscos é fornecido por dois principais padrões mundiais que estabelecem essas etapas sequenciais e contextuais nas organizações: os *frameworks* COSO (Committee of Sponsoring Organizations of the Treadway Commission, 2017) e ISO 31000 (ABNT, 2018).

Uma vez estabelecido o processo de gestão de riscos pela governança, por meio da política de gestão de riscos ou outros mecanismos de orientação geral, a mecânica das instâncias do processo de risco geralmente segue o estabelecimento de um contexto (entendimento do contexto interno e externo); a definição de critérios sobre o que venha a ser os eventos impactantes; a identificação de riscos, com suas fontes, causas e efeitos; a análise dos riscos, com a atribuição de probabilidade de ocorrência e os impactos; a avaliação de riscos (decisão do que fazer perante os riscos identificados); tratamento de riscos (definição fina da estratégia de tratamento – evitar a atividade, assumir o risco, remover fonte, mudar probabilidades e consequências, compartilhar riscos etc.).

Segue-se então monitoramento e reiteração do processo, com novas análises e avaliações, procurando-se sempre manter os riscos dentro de uma faixa predefinida (apetite a risco).

O processo de gestão de risco é esquematizado pela ISO 31000 da seguinte forma:

Esquema 1 – Processo de gestão de riscos

Fonte: NBR ISO 31000 (2018)

4.5 Expressão qualitativa, quantitativa e subjetiva dos riscos e matriz de riscos

Conforme já mencionado, a comunicação é uma das principais funções da gestão de riscos. O módulo semântico para o encapsulamento do significado de um determinado evento como evento "de risco" pode se dar de várias formas, ou seja, a delimitação do ambiente em que se identifica determinado risco bem como as atribuições de causa, efeito, interconexões com outros objetos, magnitude relativa que se atribui ao evento de risco e a correspondência apropriada de formas de tratamento de risco se dão de diversos modos, mas todas eles consistem em atribuir determinado "tamanho" relativo a um evento de risco, a depender da influência desse risco sobre os objetivos.

Segundo a norma NBR ISO IEC 31010:2012 (ABNT, 2012), "os métodos utilizados na análise de riscos podem ser qualitativos, semiquantitativos ou quantitativos", a depender de fatores como disponibilidade de dados e da natureza da atividade/objetivo.

Expressões qualitativas definem certa grandeza como "alto", "médio" e "baixo". Expressões quantitativas atribuem números segundo alguma escala (1-5, 1-10, Fibonacci etc.). Mesmo onde há a atribuição de riscos pela contagem real de eventos de risco a partir de acontecimentos passados, "preciso reconhecer que os níveis de risco calculado são estimativas. Convém que se tome cuidado para assegurar que não seja atribuído um nível de exatidão e precisão incompatível com a exatidão dos dados e métodos empregados". (ABNT, 2012, p. 9).

Frequentemente a magnitude do possível evento de risco é obtida de forma bidimensional, multiplicando-se a probabilidade atribuída pelo impacto atribuído (probabilidade *versus* impacto). Essa técnica chama-se "matriz de riscos", ou "matriz de probabilidade/consequência". Outras formas de demonstração de magnitude podem ser empregadas (como a Matriz de Markov), mas a maioria dos sistemas utiliza a matriz bidimensional de probabilidade *versus* impacto.

Tabela 6 – Matriz de classificação de riscos

Classificação de probabilidade						
E	IV	III	II	I	I	I
D	IV	III	III	II	I	I
C	V	IV	III	II	II	I
B	V	IV	III	III	II	I
A	V	V	IV	III	II	II
	1	2	3	4	5	6
	Classificação de consequência					

IEC 2076/09

Fonte: ABNT (2012, p. 90)

Como toda forma de comunicação, as matrizes de probabilidade *versus* impacto possuem suas limitações, principalmente situações de ambiguidade para formas não quantitativas de expressão, com uma carga de subjetividade que pode ser alta. Também, "os riscos não podem ser agregados (ou seja, não se pode definir que um número específico de baixos riscos ou um baixo risco identificado um número específico de vezes seja equivalente a um risco médio)" e é dificultosa a combinação do nível de risco para diferentes categorias de consequências (ABNT, 2012).

Costa (2019, p. 277) defende que seja utilizada, para a matriz de riscos de probabilidade *versus* impacto, a escala de Fibonacci, justamente para diminuir a fraqueza do método de matriz de riscos pela falta de diferenciação e comparabilidade entre números de escala com números próximos.

Segundo Koshi (2018, p. 8), a definição recursiva é a seguinte. $F1 = F2 = 1$ – condição inicial (isso explica a repetição do número 1 da sequência de Fibonacci e marca o início da sequência). $Fn = Fn-1 + Fn-2$ (recorrência), em que n maior ou igual a 3. Ou seja, chega-se à seguinte sequência 0, 1, 1, 2, 3, 5, 8, 13, 21...

> Há, entre os números da sequência de Fibonacci, uma relação chamada de "razão áurea", ou "proporção áurea". A demonstração matemática desta proporção áurea escapa ao objetivo deste trabalho, mas pode-se dizer que dois números estão em razão áurea se sua razão é igual à razão de sua soma pela maior das quantidades. Ou, em termos mais simples, a

razão entre dois números de Fibonacci tende a produzir números como 1,625, ou 1,61818, ou 1,6180339... ou seja, muito simplificando, 1.6. Esta razão está presente em várias relações da natureza, artes, galáxias, corpo humano, etc. (KOSHI, 2018, p. 301; COSTA, 2019, p. 287).

A sequência de Fibonacci tem sido muito utilizada para exercícios em grupo de *experts* e pode ser utilizada com coerência para exercícios de identificação e análise de riscos.[34]

A NBR ISO/IEC 31010 (ABNT, 2012) traz ferramentas técnicas que podem ser utilizadas para o processo de avaliação de riscos, e estas podem ser estendidas para uma gestão participativa de riscos a partir de conselhos municipais, grupos de *experts* ou mesmo avaliação com a participação de um número mais expressivo de pessoas.

Uma técnica que merece destaque como gestão participativa dos riscos é a técnica chamada de Delphi, consistente em:

> um procedimento para obter um consenso confiável de opiniões de um grupo de especialistas. Embora muitas vezes o termo seja agora amplamente utilizado para significar qualquer forma de *brainstorming*, uma característica essencial da técnica Delphi, como originalmente formulada, era a de que os especialistas expressavam suas opiniões individual e anonimamente e tinham acesso aos pontos de vista de outros especialistas à medida que o processo evoluía. (ABNT, 2012, p. 27).

As avaliações do grupo são feitas em rodadas, para emitir opiniões de forma independente, sem que um avaliador saiba da avaliação do outro. Repete-se o processo até que haja razoável consenso sobre a abordagem do risco. Como se procura uma relativa autonomia entre os avaliadores, o método permite que se evitem algumas pressões referente a posições hierárquicas e relações funcionais entre os avaliadores.

O método de identificação dos eventos de risco, de análise e de avaliação por parte dos conselhos e estruturas de avaliação de risco é de extrema importância, visto que o método precisa evitar que ocorra a captura e manipulação de grupos por parte de gestores de interesses, desde a formação do conselho avaliativo, até a forma de seleção dos eventos de risco e da análise e avaliação dos riscos.

---

[34] Em Costa (2019) há explanação mais detalhada sobre a utilização da Escala de Fibonacci para a estimação da probabilidade e do impacto na etapa de avaliação de riscos, demonstrando a coerência e harmonia gerada na matriz de riscos. Propõe a utilização de auxílios visuais no momento da estimativa da probabilidade e do impacto. Por fim, sugere-se que o cálculo do risco residual seja feito com base na análise direta do controle existente sobre a probabilidade e o impacto. Em seu conjunto, o artigo pode ser considerado como uma metodologia de avaliação de riscos em grupo.

A utilização de ferramentas tecnológicas amplamente disponíveis também pode ter um grande e salutar impacto na captura de opinião da população local sobre sua percepção dos riscos, o que pode ser insumo de avaliações mais detalhadas e por participantes com representatividade e mandato mais expressivos.

4.6 O papel do sistema de controle interno municipal na correta gestão de riscos locais

Como foi dito na parte inicial deste trabalho, não haveria sentido abordar o assunto "riscos" sem a pretensão de um maior ou menor grau de controle sobre eles, ou seja, identificam-se, analisam-se e avaliam-se possíveis eventos de risco com a pretensão de que algum aspecto da realidade seja modificado de modo a mudar o efeito do evento de risco.

Essas medidas implementadas para modificar o risco são genericamente chamadas de "controles" e incluem, mas não se limitam, a "qualquer processo, política, dispositivo, prática, ou outras condições ou ações que modifiquem o risco (ABNT, 2015, p. 9; ABNT, 2018, p. 2).

Historicamente, a parte funcional das organizações públicas que cuidava das conferências, fiscalizações e auditorias foi denominada também de "controle", ou "controladoria", dando um sentido amplíssimo ao termo controle interno. Chegou-se ao ponto de, no Brasil, haver identificação entre a função de auditoria interna com a função de controle interno, fato que está sendo paulatinamente corrigido por atores como Controladoria-Geral da União e Tribunal de Contas da União, chegando a haver normas do próprio Poder Executivo já desfazendo essa identificação perniciosa para o sistema de governança baseado em agente/principal.[35]

É ainda corrente o entendimento de que a referência feita pela própria Constituição Federal de 1988 (Brasil, 1988) a "controle interno" (art. 31 e art. 70, p. ex.) refere-se a um órgão específico (controladoria ou auditoria interna), em vez de significar um conjunto de órgãos, práticas e sistemas, mais apropriada a *frameworks* internacionais.

---

[35] Vide Decreto n. 9.203, de 22 de novembro de 2017, que dispõe sobre a política de governança da administração pública federal direta, autárquica e fundacional. Controles internos e a função de auditoria interna são distinguidos de forma apropriada. A gestão de riscos é definida no art. 2º como "processo de natureza permanente, estabelecido, direcionado e monitorado pela alta administração, que contempla as atividades de identificar, avaliar e gerenciar potenciais eventos que possam afetar a organização, destinado a fornecer segurança razoável quanto à realização de seus objetivos".

O próprio artigo 74 da Constituição estabelece a finalidade de um "sistema de controle interno", que inclui "avaliar o cumprimento das metas previstas no plano plurianual, a execução dos programas de governo e dos orçamentos da União" e "comprovar a legalidade e avaliar os resultados, quanto à eficácia e eficiência, da gestão orçamentária, financeira e patrimonial". Havia (e ainda há) nos órgãos dos Poderes de todas as esferas setores específicos denominados de "controle interno", com funções fiscalizatórias internas gerais.

Contudo, quanto ao significado de "controle interno" pode estar havendo o fenômeno da "mutação constitucional", visto que um sentido mais exato de "controle interno" exsurge, superando um entendimento que anteriormente se tinha sobre a referência constitucional.

Hoje há tendência à nítida diferenciação entre estruturas de apoio à governança que operam em avaliações independentes (auditoria interna) e as demais estruturas que diretamente realizam atividades de controle.[36] Vale ressaltar que o Decreto-Lei nº 4.657, de 4 de Setembro de 1942, com a redação que lhe deu a Lei nº 13.655, de 2018, faz referência a uma "esfera controladora", provavelmente para significar o controle externo feito sobre a estrutura administrativa dos Poderes.

No âmbito dos municípios, a Constituição Federal de 1988 (Brasil, 1988) estabelece (art. 31) sobre os controles que sua fiscalização será exercida pelo Poder Legislativo municipal, mediante controle externo, e pelos sistemas de controle interno do Poder Executivo municipal, na forma da lei.

Ao se referir a um *sistema de controle interno*, a Constituição, nitidamente, está aludindo a todo um conjunto de mecanismos de governança que possibilita o controle geral dos objetivos e riscos a cargo das administrações municipais, incluindo estruturas de governança (liderança do Poder Legislativo e Executivo municipais) e estruturas de gestão, geralmente a cargo do Executivo. Inclui-se principalmente a gestão de riscos, visto que não há que pretender boa governança sem que haja apropriada gestão dos riscos.

---

[36] Importante neste sentido é a Instrução Normativa Conjunta n. 1, de 10 de maio de 2016 (Disponível em: https://www.in.gov.br/materia/-/asset_publisher/Kujrw0TZC2Mb/content/id/21519355/do1-2016-05-11-instrucao-normativa-conjunta-n-1-de-10-de-maio-de-2016-21519197. Acesso em: 14 fev. 2022), em que o Ministério do Planejamento, Orçamento e Gestão e a Controladoria-Geral da União dispõem sobre controles internos, gestão de riscos e governança no âmbito do Poder Executivo federal. Há, na norma, nítida e expressa separação entre auditoria interna e os "controles internos da gestão", bem como de outros elementos da gestão e da governança.

O sistema de controle interno do município abrange, portanto, estruturas de governança (que assumem o estabelecimento da estratégia, a direção geral e o estabelecimento dos controles gerais) e de gestão (controles internos de gestão).

É essencial, portanto, que nas administrações municipais sejam clareadas as funções de governança e as funções de gestão, e que sejam estabelecidas estruturas razoavelmente independentes de execução e de avaliação.

Uma função de auditoria interna independente, com vinculação a um conselho (e não ao administrador), com mandato estabelecido e com funções de avaliação de riscos, controles e políticas é essencial para que haja um sistema de controle interno minimamente operante e condizente com os referenciais de governança modernos.

4.7 Gestão de riscos e responsabilidade administrativa: *accountability* e compreensão

Não há dúvida de que uma administração temerária, errática, desonesta e inepta pode acarretar, além de profundos efeitos administrativos indesejados e perniciosos ao atingimento dos objetivos do bem comum, a responsabilização do próprio administrador público, seja por prejuízo ao erário ou pelo atentado contra os princípios da administração pública, por ação ou omissão.

É certo que a prática da gestão de riscos, por lançar luz sobre os elementos que devem ser levados em conta para a formação da discricionariedade administrativa, melhora sobremaneira o tirocínio do administrador quanto às prioridades nas quais deve empregar os recursos públicos que lhe foram confiados. Isso, por si só, já diminui em muito a própria probabilidade de que haja uma responsabilização do gestor que diligentemente planilhou e geriu os riscos envolvido nas decisões estratégicas e nos processos e projetos estratégicos a cargo de sua gestão.

Ademais, mesmo para ações de gestão que, por sua natureza, são arriscadas, tais como um investimento público com resultado incerto, uma política de intervenção sem resultado inexoravelmente positivo ou outra ação de gestão que signifique assunção de algum risco, a gestão do risco contribui para que haja entendimento das razões que levaram o administrador a tomar determinados riscos, tornando menos provável que sua ação seja vista como ação simplesmente temerária, irresponsável ou dolosa.

Na obra *Direito Administrativo do medo*, Santos (2020) faz uma abordagem do efeito paralisante que a responsabilização exacerbada dos agentes públicos pode causar na administração pública. Após extensiva análise da aplicabilidade atual da teoria da separação dos poderes no direito administrativo atual ante o ativismo judicial, e após tecer críticas ao que chama de disfunções do controle externo na aplicação do direito brasileiro, o autor coloca, no capítulo 4 da obra, a gestão de riscos como prevenção à responsabilidade civil indevida dos agentes públicos. Traça paralelo com a doutrina americana do *Business Judgement Rule*, que permite a acionistas explorar possibilidades arriscadas de atos de gestão sem que haja responsabilização automática, com as mudanças normativas na Lei de Introdução às Normas do Direito brasileiro. Um dos efeitos perniciosos de um sistema disfuncional de responsabilização seria o que chama de "paralisia administrativa", em que o administrador evita correr riscos pelo medo de poder ser responsabilizado de alguma maneira pela ação tomada.

Uma boa gestão de riscos deve possibilitar que todo o peso do insucesso de uma ação empreendida recaia não na falta de planejamento ou controles, mas no risco necessariamente assumido para que se pudesse ter a probabilidade de atingimento de um resultado que passou pelo apetite a risco da organização.

Assim, se, por um lado, a existência de uma gestão de riscos operante e efetiva nas organizações públicas, principalmente nos governos administrativos das cidades, promove uma necessária *accountability* para a população local e para os órgãos de controle, promove também uma gestão de risco da própria responsabilização do gestor pelos atos que, porventura, venham a ter alguma chance de insucesso pela persistência de riscos residuais conscientemente aceitos de boa-fé.

Uma correta gestão de riscos vai no mesmo sentido de movimento legislativo atual que busca a amenização da responsabilidade dos gestores por atos de gestão. Por exemplo, por meio de mudança ocorrida em 2021 pela Lei nº 14.230, foi ressaltado o papel no dolo na responsabilização do gestor por atos de improbidade administrativa (art. 9º, *caput*; art. 10, *caput* e art. 11, *caput*). A ponderação realizada por uma gestão de riscos minimamente coerente pode contribuir para afastar interpretações que entendam pela existência de dolo nas ações administrativas, diminuindo o risco de responsabilização do gestor pelos riscos inerentes aos atos.

A própria redação atual da Lei de Introdução às normas do Direito Brasileiro (Decreto-Lei nº 4.657, de 4 de setembro de 1942), na redação que lhe deu a Lei nº 13.655, de 2018, indica a necessidade de ponderação prática das opções à disposição do administrador, demonstráveis pela gestão de riscos:

> Art. 20. Nas esferas administrativa, controladora e judicial, não se decidirá com base em valores jurídicos abstratos sem que sejam consideradas as **consequências práticas** da decisão.
> Parágrafo único. A motivação demonstrará a **necessidade** e a **adequação** da medida imposta ou da invalidação de ato, contrato, ajuste, processo ou norma administrativa, inclusive em face das **possíveis alternativas**.
>
> (...)
>
> Art. 22. Na interpretação de normas sobre gestão pública, serão considerados os **obstáculos** e as **dificuldades reais do gestor** e as exigências das políticas públicas a seu cargo, sem prejuízo dos direitos dos administrados.
> §1º Em decisão sobre regularidade de conduta ou validade de ato, contrato, ajuste, processo ou norma administrativa, serão consideradas as **circunstâncias práticas** que houverem imposto, limitado ou condicionado a ação do agente.
> §2º Na aplicação de sanções, serão consideradas a natureza e a gravidade da infração cometida, os danos que dela provierem para a administração pública, as circunstâncias agravantes ou atenuantes e os antecedentes do agente.
> §3º As sanções aplicadas ao agente serão levadas em conta na dosimetria das demais sanções de mesma natureza e relativas ao mesmo fato.
>
> (...)
>
> Art. 28. O agente público responderá pessoalmente por suas **decisões** ou **opiniões** técnicas em caso de **dolo ou erro grosseiro**.
>
> (...)
>
> Art. 29. Em qualquer órgão ou Poder, a edição de atos normativos por autoridade administrativa, salvo os de mera organização interna, poderá ser precedida de **consulta pública para manifestação de interessados**, preferencialmente por meio eletrônico, a qual será considerada na decisão. (grifo nosso).

Bastaria, talvez, que o legislador tivesse previsto que as decisões administrativas seriam tomadas considerando-se a gestão dos riscos envolvidos e que a responsabilização do gestor se daria apenas se houvesse erro grave ou dolo nessa avaliação.

Ponto importante, já referido em outro ponto deste trabalho (item 3.3, últimos parágrafos), foi a explícita abertura dos atos administrativos à consulta pública feita aos administrados interessados (art. 29), o que pode significar que vários *stakeholders* podem participar do ato avaliando riscos, escolhendo modelos e opções de tratamento, bem como na manifestação sobre a priorização de ações perante recursos orçamentários escassos.

Pode-se afirmar, portanto, que a gestão de riscos irradia efeitos de duas formas: na gestão substancial dos gestores, aumentando a *accountability* e a eficiência e eficácia da gestão e na prevenção da responsabilização indevida dos gestores por atos de gestão inerentemente arriscados.

4.8 Gestão de riscos, justiça e custos

Aspectos de justiça não podem ficar alheios às discussões sobre riscos, visto que toda decisão sobre a utilização de recursos, principalmente os públicos, para a alocação de estratégias de seleção e priorização de riscos a serem tratados, envolve uma espécie de justiça distributiva. Desde a definição dos contornos das políticas públicas e a cada identificação e priorização de riscos associados a elas, há a questão subjacente levantada sobre a justiça daquela configuração.

As desigualdades sociais resultam em posições de desvantagem (exposição a riscos) para os indivíduos inseridos em contexto que demandam muito mais recursos para a mitigação dos riscos a que estão expostos. Para tanto, a própria ordenação da sociedade e o conteúdo das políticas públicas devem incluir elementos de equalização das situações para que a exposição a riscos seja diminuída em relação àquelas pessoas que já nascem em situação de exposição a riscos.

Uma ideia de consenso relacionada à alocação e priorização de recursos em uma sociedade medianamente bem ordenada é apresentada por Rawls (2003). Em sua *Justiça como Equidade*, uma das ideias apresentadas para a legitimação das ações em sociedade é o "consenso sobreposto", ou seja, um consenso possível sobre concepções diversas (doutrinas religiosas, filosóficas ou morais, p. ex.) até um ponto em que se permita um pluralismo razoável, em que os valores e conceitos são eleitos e aceitos de modo consensual. A "justiça" do tratamento do risco identificado será elemento subjacente à opção que resulte na efetiva mitigação do risco.

É necessário, para que seja possível um ordenamento social estável sobre justiça, um equilíbrio reflexivo (Rawls, 2003), ou seja, uma ideia de justiça internalizada e aceita simultaneamente pelo próprio indivíduo e pelos outros indivíduos participantes da sociedade. A noção de equilíbrio engloba as já famosas posições kantianas de Rawls, como a ideia de véu de ignorância na posição original.

O combate às condições de desigualdade em que as pessoas se encontram involuntariamente por meio de seu nascimento se dá, em grande parte, por meio do enfrentamento dos riscos estruturais a que são expostas: pessoas nascem em famílias com estrutura social de risco de todo tipo: alimentar, educacional, de saúde, de moradia entre outras. A utilização de recursos para o combate a tais riscos sistêmicos é justificada em termos de justiça distributiva.

Conforme nos lembra Beck (2011, p. 42; p. 48), os riscos, hodiernamente, são tanto produzidos desigualmente quanto distribuídos (suportados) desigualmente. Trata-se, decerto, de questão de justiça, pois que não há uma proporcionalidade entre a criação de situações de risco e o enfrentamento do peso dos riscos. A poluição de cursos d'água, do solo e de outros recursos naturais não é sentida de forma igual pela população dos países, sendo que os efeitos adversos dos eventos de risco, inclusive das catástrofes, são sentidos de forma mais intensa e imediata sobre uma população que não participa da produção e das benesses materiais e econômicas que fomentaram a produção dos eventos de risco.

Outra questão de justiça relacionada a riscos refere-se justamente ao objeto, modo e forma do tratamento dos riscos: sobre quais populações as gestões de riscos feitas por meio das políticas públicas e providências administrativas concentram seus recursos?

É essencial que os investimentos e o capital "líquido"[37] tenham algum controle de equilíbrio entre o proveito local na forma de empregos e oportunidade de subsistência imediata da comunidade e os efeitos e eventos de risco a que são expostas as populações, visto que o grande investidor certamente não sofrerá imediatamente dos eventos de riscos fomentados ou criados pelos investimentos.

Torna-se imprescindível, então, que a governança participativa dos riscos seja implementada e aperfeiçoada no âmbito local, visto que esse aspecto significará uma forma eficaz de equalização de recursos

---

[37] Sobre *accountability* de um capital "líquido", *vide* nosso artigo "Propriedade Líquida e Accountability Democrática", publicado em *Revista Democrática / Tribunal Regional Eleitoral de Mato Grosso*, Cuiabá, v. 3, p. 191, 2015, em que chamamos a atenção à necessidade de *accountability* mínima sobre o capital que se materializa em forma de investimentos que causam efeitos desproporcionalmente negativos nas cidades.

utilizados para a gestão dos riscos relacionados com os objetivos estratégicos de desenvolvimento sustentável e também de direcionamento de políticas públicas de forma justa.

Sunstein (2019) aponta que a famosa distinção entre direitos negativos e direitos positivos não faz sentido do ponto de vista dos recursos necessários para a realização dos direitos, sejam eles considerados direitos prestacionais ou de liberdade. O mesmo pode ser dito quanto à gestão de riscos, que, como qualquer direito, possui custos elevados e deve ser feita de modo eficaz, proporcional e inteligente. A gestão de riscos não pode ter o efeito paralisante ao qual se referiu Sunstein (2005). A gestão de riscos em si, se não protegida da captura por interesses cuja intenção é implantar vieses de todo tipo, pode ser fator de risco em si mesma. Uma percepção enviesada de riscos produz gastos excessivos e desnecessários, fazendo com que importantes recursos sejam desviados das mitigações de riscos que realmente fariam sentido em uma avaliação proporcional de riscos, com produção residual de injustiça.

A prática do estabelecimento formal de um processo de gestão de riscos promove, por um lado, um alinhamento entre as ações do gestor público e a estratégia para o atingimento dos objetivos públicos fixados e, por outro, protege o administrador de acusações quanto à malversação de recursos caso esteja genuinamente imbuído a cobrir algum risco suficientemente sopesado.

CONCLUSÕES

Em relação ao problema inicial, formulado para a obtenção de entendimento sobre o papel estratégico da gestão participativa dos riscos na governança e gestão das cidades para torná-las mais inclusivas, seguras, resilientes e sustentáveis, obteve-se uma série de respostas que tendem a constatar que a *abordagem de riscos* assume um *papel importante, central e indispensável para a realização de objetivos tais como os do ODS 11*, desde a necessária tomada de posição global civilizatória, até a gestão capilarizada dos riscos locais.

A abordagem do risco, portanto, vai de uma concepção civilizatória, em que riscos à sobrevivência humana são gerados e suportados de forma ubíqua, mas desigual, até uma atomicidade local, citadina e municipal. Entrelaçam-se diversas dimensões, níveis e relações produtoras de possíveis eventos de risco, e as interações entre esses fatores tornam o entendimento do contexto, a identificação, avaliação e tratamento dos riscos dependentes de sinergia, cooperação e inteligência que hoje não se mostram necessariamente uniformes entre a população, local ou mundial.

De fato, a distribuição dos efeitos dos eventos de risco e da responsabilidade pela gestão deles torna-se questão de justiça. Seja qual for a concepção de justiça adotada quando da escolha do "apetite" ao risco (utilitária, kantiana ou outra), da cobertura dos custos de seu tratamento ou mesmo da perseguição ou não de um objetivo, haverá sempre pessoas que se beneficiam mais, ou menos, da própria gestão dos riscos. Levantam-se questões de distributividade, regulação, avaliação *ex ante* dos riscos, monitoramento dos riscos e toda sorte de raciocínios de proporcionalidade. Essa constatação obriga a um raciocínio mais complexo do que simplesmente o acudimento de situações que significam a expressão de um evento de risco já materializado, como os efeitos de fenômenos climáticos sobre áreas ocupadas indevidamente, o rompimento de barragens, a violência crescente por falta de combate adequado à criminalidade ou mesmo riscos estruturais relacionados à educação, saúde e política.

A manutenção da democracia diante de riscos tão próximos, graves e iminentes apresenta-se como um desafio importante de nossa era, a atrair, conforme Beck (2011, p. 290), uma necessária "nova cultura política", centrada nos cidadãos e em sua participação política ativa, interessada, inclusiva. Essa participação civil deve se dar de forma interna ao processo de gestão dos riscos nos diversos graus e dimensões afetos à democracia participativa. A percepção dos riscos pelos cidadãos, nos foros de representatividade adequados, deve ser a entrada (*input*) para decisões sobre gestão financeira, orçamentária, políticas públicas, obras públicas e na realização dos objetivos fixados programaticamente pelo povo constituinte.

Essencial é que haja cuidado com o "observador", ou avaliador, dos riscos. Conforme encontrado no pensamento de Luhmann (Baraldi *et al.*, 2021, p. 39), a diferenciação entre um sistema e o ambiente requer um observador para ligar o processo interno com o mundo exterior, sendo que tão somente o observador pode atestar a causalidade das relações entre o ambiente e o sistema. Esse fato sistêmico alerta que a composição dos conselhos municipais determina o resultado da própria percepção de riscos que irá alimentar a reação da governança democrática diante dos objetivos dos diversos sistemas soerguidos pela sociedade. Uma composição "capturada", malfeita, desleixada, insuficiente ou com sub-representação de *stakeholders* relevantes tem o condão de distorcer a avaliação de riscos, fazendo com que os resultados das respostas aos riscos sejam também distorcidos, sem efetividade e, ao fim e ao cabo, injustos. A complexidade e contingência das situações da vida real das cidades tornam as avaliações de risco cheias de uma importância que atualmente não se observa nas administrações municipais, situação que faz tardar as intervenções locais necessárias para o tratamento dos riscos que impedem que as cidades mitiguem os riscos que estejam impedindo a consecução de objetivos importantes.

É de elevada importância que as cidades possuam em seu domínio os "sensores" dos riscos (avaliações participativas dos riscos) e também o estabelecimento da técnica necessária à operacionalização contínua das avaliações de riscos (processos de gestão e governança dos riscos). Investimento deve ser feito na integração do processo de gestão de riscos na formulação de estratégias referentes às políticas públicas, aos normativos, à alocação dos orçamentos, enfim, à governança democrática.

Deve ser ressaltada a *accountability* gerada pela simples existência de processos formais de gestão de riscos, o que funciona como comunicação relacionada aos motivos e motivações da discricionariedade administrativa empregada como razão de ser da gestão pública.

A sustentabilidade, em suas dimensões decompostas e abrangentes já expostas em Juarez Freitas e Bosselmann, deve fazer parte do próprio silogismo e proporcionalidade empregados na avaliação e mitigação dos riscos, o que faz incidir as questões de teoria econômica do Direito, como custo-benefício e resultados Pareto eficientes. A relação entre a sustentabilidade ambiental e a gestão de riscos já estava explícita no relatório Brundtland (1987) e na Rio 92, e o aspecto global↔local dos riscos e de seu enfrentamento é evidente.

Em relação ao objetivo 11 dos ODS (tornar as cidades e os assentamentos humanos inclusivos, seguros, resilientes e sustentáveis) e suas metas, a pesquisa identificou nada menos do que 55 metas relativamente independentes, a demonstrar a possibilidade da existência de um grande número de eventos de riscos associados a elas. Foi demonstrado que os objetivos do ODS 11 são paralelos e contidos nas competências comuns listadas no art. 23 da Constituição Federal de 1988.

Como auxílio inicial essencial, e como instrumento de manutenção da estrutura de controle interno dos municípios com o objetivo de implementar e manter processo de gestão de risco integrado às estruturas de gestão e governança, ressaltou-se que o sistema de controle interno, incluindo funções de auditoria, deve ser implantado e posicionado estrategicamente na administração municipal, em cumprimento, inclusive, de mandamento constitucional explícito nos artigos 31 e 70 da Constituição Federal de 1988.

Conclui-se, então, que a efetividade dos direitos humanos e fundamentais expressos nos Objetivos de Desenvolvimento Sustentável e na própria Constituição Federal de 1988 demanda que se vá além das estruturas de gestão de riscos concentradas apenas na gestão de desastres e defesa civil, fazendo com que a preocupação com a gestão de riscos permeie a gestão de todos os objetivos constitucionalmente atribuídos aos municípios como parte integrante da elaboração das políticas, fixação de objetivos e dos controles a eles associados.

É apropriado que a gestão de riscos seja vista como parte de um processo de comunicação, geradora de consenso e de *accountability*, instrumento de uma linguagem em que participantes conseguem exprimir percepções, avaliações e proposições.

Como o conceito de desenvolvimento sustentável deve permear a governança democrática de forma vinculante, os princípios e objetivos relacionados com o desenvolvimento sustentável devem ser abordados com avaliações que obedeçam ao princípio da proporcionalidade de modo a otimizar e harmonizar o alcance dos princípios e objetivos simultaneamente mais importantes (Alexy), ainda mais quando o tratamento de riscos envolve pesados custos de oportunidade que devem atrair exercícios de sopesamento guiados por princípios apropriados ao objetivo a ser perseguido, ao evento de risco identificado e a outros riscos e objetivos relacionados.

A ausência da integração da abordagem de riscos na governança municipal amplifica os efeitos dos eventos classificados como desastrosos, dando início a um círculo vicioso cuja causa é a falha na governança em vários níveis fundamentais.

O modelo de governança democrática brasileira, ou seja, o sistema eleitoral que produz a representação local (prefeitos e vereadores) pode ter efeito de dificultar a geração de *accountability* em relação a alguns riscos locais, pelo motivo exposto de que a grande circunscrição eleitoral pode comprometer a criação de *constituency link* específica para *populações sujeitas a riscos também específicos e diferenciados*. O incremento de elementos distritais na representação, somado a instrumentos de participação qualitativa, como os conselhos municipais diversos, pode representar um avanço na qualidade da governança democrática local, impactando na formação do corpo governante local (câmara municipal) de forma a criar importantes relações de responsabilização por atos, normas e políticas públicas, o que significa influência direta na gestão de riscos.

Soma-se aos fatores anteriormente descritos a necessária criação de estruturas municipais de *percepção* de riscos para a identificação e avaliação dos riscos (gestão participativa dos riscos). Funções de identificação, avaliação e análise de riscos, bem como função de proposição de tratamentos adequados aos eventos identificados, podem e devem ser expressamente atribuídas às estruturas colegiadas formadas localmente, como os diversos conselhos municipais para que se obtenha o efeito de fomento da gestão democrática dos riscos, com o incremento da *accountability* dos atos de gestão/governança, reforço à educação política e combate à apatia política.

A política, metodologia e referenciais de gestão de riscos são fatores essenciais para que a avaliação de riscos seja realizada em âmbito municipal, e tecnologias de participação popular mais ampla podem ter papel inicial ou intermediário na obtenção da percepção de riscos cuja avaliação e tratamento podem ser aperfeiçoados dos grupos com melhor representatividade e mandato específico. Além de poder propiciar melhorias substanciais na governança democrática local, a gestão de riscos auxilia os gestores nas opções discricionárias com relação a responsabilizações indevidas, visto que transfere para a incerteza inerente aos riscos eventuais resultados diferentes daqueles esperados.

Práticas formais de gestão de riscos são elementos que devem integrar a comunicação democrática, pois facilitam a geração do fluxo de informações entre as populações diretamente afetadas pelos possíveis eventos de risco e os administradores dos recursos captados (relação agente/principal e geração de *accountability*), fortalecendo a democracia participativa e tendo papel decisivo na efetividade dos direitos fundamentais.

REFERÊNCIAS

A INICIATIVA da Carta da Terra. *Carta da Terra*, Brasil, 2000. Disponível em: http://www.cartadaterrabrasil.com.br/prt/texto-da-carta-da-terra.html. Acesso em: 3 mar. 2022.

ALEXY, Robert. *Teoria dos Direitos Fundamentais*. São Paulo: Malheiros, 2009.

ASSOCIAÇÃO BRASILEIRA DE NORMAS TÉCNICAS. *ABNT NBR ISO 31000*:2018: gestão de riscos – diretrizes. Rio de Janeiro: ABNT, 2018.

ASSOCIAÇÃO BRASILEIRA DE NORMAS TÉCNICAS. *Gestão de riscos*: técnicas para o processo de avaliação de riscos. Rio de Janeiro: ABNT, 2012.

ASSOCIAÇÃO BRASILEIRA DE NORMAS TÉCNICAS. *ISO/TR*: gestão de riscos – guia para implementação da ABNT NBR ISO 31000. Rio de Janeiro: ABNT, 2015.

BARALDI, Claudio *et al*. *Unlocking Luhmann*: a keyword introduction to systems theory. [*S. l.*]: Biefeld, 2021. Disponível em https://www.transcript-publishing.com/978-3-8376-5674-9/unlocking-luhmann/?c=431000000&number=978-3-8394-5674-3. Acesso em: 15. set. 2021.

BARDIN, Laurence. *Análise de Conteúdo*. São Paulo: Edições 70, 2016.

BERNSTEIN, Peter L. *Against the gods*: the remarkable story of risk. New York: Wiley, 1998.

BITENCOURT, Cézar Roberto. *Tratado de Direito Penal*: parte geral. São Paulo: Saraiva, 2016.

BLIACHERIENE, Ana Carla; BRAGA, Marcus Vinicius de Azevedo; RIBEIRO, Renato Jorge Brown (coord.). *Controladoria no setor público*. Belo Horizonte: Fórum, 2016.

BOBBIO, Norberto. *A era dos direitos*. Rio de Janeiro: Elsevier, 2004.

BOSCO, Estêvão. *Sociedade de risco*: introdução à Sociologia Cosmopolita de Ulrich Beck. São Paulo: Annablume, 2016.

BOSSELMANN, Klaus. *O princípio da sustentabilidade*: transformando direito e governança. São Paulo: Editora Revista dos Tribunais, 2015.

BRASIL. [Constituição (1988)]. *Constituição da República Federativa do Brasil de 1988*. Brasília, DF: Presidência da República, [2020]. Disponível em: http://www.planalto.gov.br/ccivil_03/Constituicao/Constituicao.htm. Acesso em: 14 fev. 2022.

BRASIL. Ministério da Ciência, Tecnologia e Inovações. *Cemaden*, 2022. Brasília, DF: Ministério da Ciência, Tecnologia e Inovações, 2022. Disponível em: https://www.gov.br/mcti/pt-br/rede-mcti/cemaden. Acesso em: 4 mar. 2022.

BRASIL. Tribunal de Contas da União. Secretaria de Planejamento, Governança e Gestão (Seplan). *Manual de gestão de riscos do TCU*. Brasília, DF: Tribunal de Contas da União, 2020a.

BRASIL. Tribunal de Contas da União. *C2015. Comparativo-modelos-ERM*-v1.0.xlsx. Brasília, DF: Tribunal de Contas da União, 2015. Disponível em: https://portal.tcu.gov.br/lumis/portal/file/fileDownload.jsp?fileId=8A8182A14F99F605014FAE0E55DB0FEA. Acesso em: 15 fev. 2022.

BRASIL. Tribunal de Contas da União. *Referencial Básico de Governança Pública Organizacional: para organizações públicas e outros entes jurisdicionados ao TCU*. 3. ed. Brasília, DF: Tribunal de Contas da União, 2020b. Disponível em: https://portal.tcu.gov.br/governanca/governancapublica/governanca-no-setor-publico/publicacoes.htm. Acesso em: 16 dez. 2020.

BRASIL. Tribunal de Contas da União. *Referencial básico de governança aplicável a organizações públicas e outros entes jurisdicionados ao TCU*. Brasília, DF: TCU; Secretaria de Controle Externo da Administração do Estado; Secex Administração, 2020c.

BRUNDTLAND, Gro Harlem. *Report of the World Commission on Environment and Development: Our Common Future: From One Earth to One World*. Nova York: [s. n.], 1987. Disponível em https://sustainabledevelopment.un.org/content/documents/5987our-common-future.pdf. Acesso em: 15 fev. 2022.

CAMPOS, Anna Maria. Accountability: quando poderemos traduzi-la para o português? *Revista de Administração Pública*, [s. l.], n. 24, p. 30-50, fev./abr. 1990.

COMMITTEE OF SPONSORING ORGANIZATIONS OF THE TREADWAY COMMISSION. *Enterprise Risk Management: Integrating with Strategy and Performance*. [S. l.]: COSO, 2017a. Disponível em: http://erm.coso.org.aspx. Acesso em: 15 fev. 2022.

COMMITTEE OF SPONSORING ORGANIZATIONS OF THE TREADWAY COMMISSION. *Gerenciamento de riscos corporativos*: estrutura integrada (COSO GRC, 2004). Tradução de PriceWatherhouseCoopers e Instituto dos Auditores Internos do Brasil. São Paulo: The IIA Brasil; PwC, 2007. Disponível em: https://www.coso.org/documents/coso-erm-executive-summary-portuguese.pdf. Acesso em: 15 out 2021.

COMMITTEE OF SPONSORING ORGANIZATIONS OF THE TREADWAY COMMISSION. *Enterprise Risk Management*: integrating with Strategy and Performance. [S. l.]: COSO, 2017b. Disponível em: https://www.coso.org/Pages/erm.aspx. Acesso em: 18 out. 2020.

COSTA, Benedito Antonio da. Utilização da Escala de Fibonacci na avaliação de riscos: vantagens, aplicações e didática. *Revista Democrática*, [s. l.], v. 5, p. 277-307, 2019.

CUIABÁ. *Lei Complementar n. 328 de 20 de dezembro de 2013*. Cria o Conselho Municipal de Meio Ambiente – CMMA e dá outras providências. Cuiabá: Câmara Municipal de Cuiabá, 2013. Disponível em: http://www.smpg.cuiaba.mt.gov.br/storage/app/media/conselho-municipal-de-meio-ambiente.pdf. Acesso em: 2 fev. 2022.

DANTAS, J. A.; Rodrigues, F. F.; Marcelino, G. F.; Lustosa, P. R. B. Custo-benefício do controle: proposta de um método para avaliação com base no COSO. *Journal of Accounting, Management and Governance*, [s. l.], v. 13, n. 2, 2010. Disponível em: https://www.revistacgg.org/contabil/article/view/255. Acesso em: 15 fev. 2022.

DE MARCO, Cristhian Magnus. *O direito Fundamental à Cidade Sustentável e os desafios de sua eficácia*. Porto Alegre: Novas Edições Acadêmicas, 2014.

DOMINGUES, Victor Hugo. Ótimo de Pareto. *In*: RIBEIRO, Marcia Carla Pereira; KLEIN, Vinicius (coord.). *O que é análise econômica do direito*: uma introdução. 2. ed. Belo Horizonte: Fórum, 2016. p. 37-45.

DWORKIN, Ronald. *Levando os direitos a sério*. São Paulo: Martins Fontes, 2002.

ELIAS, Norbert. *O processo civilizador*: formação do Estado e civilização. Rio de Janeiro: Jorge Zahar Editor, 1990. v. 2.

FERNÁNDEZ RUIZ, Jorge. La elección de los miembros del poder legislativo en el sistema electoral mexicano. *In*: SALGADO, Eneida Desiree (coord.). *Sistemas eleitorais*: experiências ibero-americanas e características do modelo brasileiro. Belo Horizonte: Fórum, 2012. p. 13-45.

FREITAS, Juarez. *Sustentabilidade*: direito ao futuro. 4. ed. Belo Horizonte: Fórum, 2019.

GALBIN, Alexandra. An Introduction to Social Constructionism. *Social Research Reports*, [s. l.], v. 26, p, 82-92, 2014. Disponível em: https://www.researchgate.net/publication/283547838_AN_INTRODUCTION_TO_SOCIAL_CONSTRUCTIONISM. Acesso em: 12 maio 2022.

GOMES, José Jairo. *Direito eleitoral*. São Paulo: Atlas, 2015.

HABERMAS, Jürgen. *Consciência moral e agir comunicativo*. Rio de Janeiro: Tempo Brasileiro, 1989.

HÁK. T., JANOUSKOVÁ, S; MOLDAN, B. Sustainable Development Goals: A Need for Relevant Indicators. *Ecological Indicators*, [s. l.], v. 60, p. 565-573, 2016. Disponível em: http://dx.doi.org/10.1016/j.ecolind.2015.08.003. Acesso em: 27 set. 2021.

HOBBES, Thomas. *Leviatã, ou, matéria, forma e poder de um estado eclesiástico e civil*. Texto integral. São Paulo: Martin Claret, 2009.

IBGE. *Perfil dos municípios brasileiros 2017*: coordenação de população e indicadores sociais. Rio de Janeiro: IBGE, 2017.

INSTITUTO CIDADES SUSTENTÁVEIS. *Índice de Desenvolvimento Sustentável das Cidades – Brasil (IDSC-BR)*. São Paulo: Instituto Cidades Sustentáveis, 2022. Disponível em: https://idsc-br.sdgindex.org/rankings. Acesso em: 4 mar. 2022.

INSTITUTO DE PESQUISA ECONÔMICA APLICADA. *Agenda 2030*: metas nacionais dos Objetivos de Desenvolvimento Sustentável. Brasília, DF: Ipea, 2018. Disponível em: https://bit.ly/2oJPWy0. Acesso em: 3 mar. 2022.

INTEGRATED monitoring of the global targets of the Sendai Framework and the Sustainable Development Goals. *Preventionweb*, [s. l.], 2022. Disponível em: https://www.preventionweb.net/sendai-framework/Integrated%20monitoring%20of%20the%20global%20targets%20of%20the%20Sendai%20Framework%20and%20the%20Sustainable%20Development%20Goals. Acesso em: 14 jan. 2022.

JENSEN, Michael; MECKLING, William. Theory of the Firm: Managerial Behavior, Agency Costs and Ownership Structure. *Journal of Financial Economics*, [s. l.], v. 3, p. 305-360, out. 1976.

KOSHI, Tomas. Fibonacci and Lucas Numbers with applications. 2. ed. New York: Wiley, 2018. v. 1.

LÜCHMANN, Lígia Helena Hahn. A representação no interior das experiências de participação. *Lua Nova*: Revista de Cultura e Política, [s. l.], n. 70, p. 139-170, 2007. Disponível em: https://doi.org/10.1590/S0102-64452007000100007. Acesso em: 26 abr. 2022. ISSN 1807-0175. https://doi.org/10.1590/S0102-64452007000100007.

LUHMANN, Niklas. *Risk*: a sociological theory. Nova Iorque: de Gruyter, 1993.

LUHMANN, Niklas. *Sociologia do Direito*. Rio de Janeiro: Edições Tempo Brasileiro, 1983.

LUPTON, Deborah. *Risk*. London: Routledge, 1999.

MATURANA, H. R.; VARELA, F. J.; BEER, S. *Autopoiesis and cognition the realization of the living*. Dordrecht: D. Reidel Pub. Co., 1980.

MENDES, José Manuel. *Sociologia do risco*: uma breve introdução e algumas lições. Coimbra: Imprensa da Universidade de Coimbra, 2015.

MITCHELL, Scott. GRC360: a Framework to Help Organisations Drive Principled Performance. *Int J Discl Gov*, [s. l.], v. 4, p. 279-296, 2007. Disponível em: https://doi.org/10.1057/palgrave.jdg.2050066. Acesso em: 24 jan. 2022.

NEPOMUCENO, C. L.; DIAS, D. M. DOS S. A adequação dos instrumentos de gestão democrática na revisão do plano diretor em Marabá/PA. *Revista de Direito da Cidade*, [Rio de Janeiro], v. 10, n. 4, 3 dez. 2018.

NORRIS, Pippa. *Electoral engineering*: voting rules and political behavior. Cambridge: Cambridge University Press, 2012.

ONU. A/RES/70/1 *Transforming our World*: the 2030 Agenda for Sustainable Development. Nova York: ONU, 2015a. p. 35. Disponível em: https://www.un.org/en/development/desa/population/migration/generalassembly/docs/globalcompact/A_RES_70_1_E.pdf. Acesso em: 19 fev. 2022.

ONU. *Marco de Sendai para a Redução do Risco de Desastres 2015-2030*. Versão não oficial. [Sendai]: ONU, 2015b. Disponível em: https://www.unisdr.org/files/43291_63575sendaiframeworkportunofficialf%5B1%5D.pdf. Acesso em: 14 jan. 2022.

ONU. Programa das Nações Unidas para o Desenvolvimento. *Transformando o nosso mundo*: Agenda 2030 para o desenvolvimento sustentável. Nova York: United Nations, 2016a. 42 p. Disponível em: http://www.br.undp.org/content/dam/brazil/docs/agenda2030/undpbr-Agenda2030-completo-pt-br-2016.pdf. Acesso em: 27 set. 2021.

ONU. *Report of the United Nations Conference on Environment and Development Rio de Janeiro, 3-14 June 1992*. [S. l.]: ONU, 2012. Disponível em: https://www.un.org/ga/search/view_doc.asp?symbol=A/CONF.151/26/Rev.1%20(Vol.%20I)&Lang=E. Acesso em: 27 set. 2021.

ONU. UNISDR. *Report of the open-ended intergovernmental expert working group on indicators and terminology relating to disaster risk reduction*. [S. l.]: ONU; UNDRR, 2016b.

ONU. UNITED NATIONS OFFICE FOR DISASTER RISK REDUCTION. *Sendai Framework for Disaster Risk Reduction*. [S. l.]: ONU; UNDRR, 2015c. Disponível em: https://digitallibrary.un.org/record/793460. Acesso em: 14 jan. 2022.

ORGANIZAÇÃO PARA A COOPERAÇÃO E DESENVOLVIMENTO ECONÔMICO. *Draft Policy Framework on Sound Public Governance, 2018*. Versão preliminar. [S. l.]: OCDE, 2018. Disponível em: https://www.oecd.org/governance/policy-framework-on-sound-public-governance/. Acesso em: 13 out. 2021.

PARSONS, Talcott. *The social system*. London: Routledge, 1991.

PINHEIRO FILHO, Francisco Renato Codevila. Teoria da agência: problema agente-principal. *In*: RIBEIRO, Marcia Carla Pereira; KLEIN, Vinicius (coord.). *O que é análise econômica do direito*: uma introdução. 2. ed. Belo Horizonte: Fórum, 2016. p. 105-117.

POSNER, A. Richard. *The economics of Justice*. Massachusetts: Harvard University Press, 1981.

RAWLS, John. *Justiça como equidade*: uma reformulação. Martins Fontes: São Paulo, 2003.

RENN, Ortwin. *Risk governance*: coping with uncertainty in a complex world. Londres: Earthscan, 2008.

RODOVALHO, S. A.; SILVA, M. A. R.; RODRIGUES, W. Planejamento urbano participativo e gestão democrática em Palmas (TO) à luz da democracia deliberativa. Urbe. *Revista Brasileira de Gestão Urbana*, [Curitiba], v. 11, e20190072. Disponível em: https://doi.org/10.1590/2175-3369.011.e20190072. Acesso em: 1 nov. 2021.

SANTOS, Rodrigo Valgas dos. *Direito administrativo do medo*: risco e fuga da responsabilização dos agentes públicos. São Paulo: Thomson Reuters Brasil, 2020. *E-book*.

SARAVIA, Henrique; FERRAREZI, Elisabete. *Políticas públicas*. Brasília, DF: ENAP, 2006.

SCHWANDT, Thomas A. Três posturas epistemológicas para a investigação qualitativa. *In*: DENZIN, Norman K. *O planejamento da pesquisa qualitativa*: teorias e abordagens. Porto Alegre: Artmed, 2006. p. 193-217.

SILVA, José Afonso. *Direito urbanístico brasileiro*. 6. ed. São Paulo: Malheiros, 2010.

STEINMETZ, Wilson Antônio. *Colisão de direitos fundamentais e princípio da proporcionalidade*. 2000. Dissertação (Mestrado em Direito) – Programa de Pós-Graduação em Direito, Setor de Ciências Jurídicas, Universidade Federal do Paraná, Curitiba, 2000.

STRANGE, Tracey; BAYLEY, Anne. *Sustainable development*: linking economy, society, environment. Paris: OCDE, 2008.

SUNSTEIN, Cass. R. *Laws of fear*. Cambridge: Cambridge University Press, 2005.

SUNSTEIN, Cass. R.; HOLMES, Stephen. *O custo dos direitos*: por que a liberdade depende dos impostos. São Paulo: WMF Martins Fontes, 2019. *E-book*.

TEIXEIRA, Elisângela Sampaio; CORRALO, Giovani da Silva. Governança local e conselhos municipais – diálogo necessário para sustentabilidade e preservação do meio ambiente. *Revista Eletrônica Direito e Política*, Itajaí, v. 10, n. 1, 2015. Disponível em: www.univali.br/direitoepolitica. Acesso em: 2 fev. 2022.

THE INSTITUTE OF INTERNAL AUDITORS. *Declaração de Posicionamento do IIA*: as três linhas de defesa no gerenciamento eficaz de riscos e controles. Flórida: The IIA, 2013.

THE INTERNATIONAL FEDERATION OF ACCOUNTANTS. *Governance in the Public Sector*: A Governing Body Perspective. Nova Iorque: IFAC, 2001.

UNISDR. *Como construir cidades mais resilientes*: um manual para líderes do governo local. Uma Contribuição para a Campanha Mundial de 2010-2020. Construir Cidades Resilientes – "A Minha Cidade Está a Preparar-se!". Genebra: United Nations International Strategy for Disaster Reduction, 2017.

Esta obra foi composta em fonte Palatino Linotype, corpo 10
e impressa em papel Offset 75g (miolo) e Supremo 250g (capa)
pela Formato Artes Gráficas.